| 职业教育电子商务专业 系列教材 |

U0587238

新媒体内容编辑

主　编／李怀亮

副主编／樊明睿　付良才

参　编／（排名不分先后）

魏会朴　温李芳　李永良　李　莉

范丛丛　沙丙晖　刘孙敏　周惠燕

重庆大学出版社

内容提要

本书以新媒体内容编辑岗位的工作任务领域为主线,按照项目教学法编排相关内容,在结构和设计上,遵循中职学生认知发展规律,有利于学生掌握新媒体内容编辑岗位的工作内容和基本技能。

全书共分为5个项目,细分为16个任务,60个活动。5个项目分别是:走近新媒体编辑、熟悉新媒体编辑平台、熟悉新媒体编辑工具、排版新媒体内容、开启新媒体内容编辑实战。

本书可作为职业院校电子商务、移动商务、市场营销等相关专业教材,也可作为在职新媒体编辑从业人员的培训教材参考用书。

图书在版编目(CIP)数据

新媒体内容编辑/李怀亮主编. --重庆:重庆大学出版社,2020.1(2024.1重印)
职业教育电子商务专业系列教材
ISBN 978-7-5689-1853-4

Ⅰ.①新… Ⅱ.①李… Ⅲ.①新闻编辑—职业教育—教材 Ⅳ.①G213

中国版本图书馆 CIP 数据核字(2019)第 272578 号

职业教育电子商务专业系列教材

新媒体内容编辑

主　编　李怀亮
副主编　樊明睿　付良才
责任编辑:王海琼　　版式设计:莫　克
责任校对:关德强　　责任印制:赵　晟

*

重庆大学出版社出版发行
出版人:陈晓阳
社址:重庆市沙坪坝区大学城西路 21 号
邮编:401331
电话:(023)88617190　88617185(中小学)
传真:(023)88617186　88617166
网址:http://www.cqup.com.cn
邮箱:fxk@cqup.com.cn(营销中心)
全国新华书店经销
重庆华林天美印务有限公司印刷

*

开本:787mm×1092mm　1/16　印张:15.5　字数:379 千
2020 年 1 月第 1 版　　2024 年 1 月第 6 次印刷
印数:7 601—10 600
ISBN 978-7-5689-1853-4　定价:39.00 元

编委会

主　编　邵兵家

编　委　（排名不分先后）

编写人员名单

主　编　李怀亮　珠海市第一中等职业学校

副主编　樊明睿　天津市经济贸易学校

　　　　付良才　东莞市理工学校

参　编　魏会朴　深圳市博伦职业技术学校

　　　　温李芳　广州市财经职业学校

　　　　李永良　阳春市中等职业技术学校

　　　　李　莉　天津市经济贸易学校

　　　　沙丙晖　广州市增城区职业技术学校

　　　　范丛丛　深圳市龙岗区第二职业技术学校

　　　　刘孙敏　佛山市南海区信息技术学校

　　　　周惠燕　广州市花都区理工职业技术学校

前　言

随着移动互联网的飞速发展,手机消费群体日益剧增,新媒体市场广阔,影响力凸显,已经广泛地渗入人类生活。微信公众号从2 000多万向亿级发展,以今日头条为代表的新媒体、内容电商迅速崛起,这导致企业对新媒体的重视程度越来越高,整个市场对新媒体的岗位需求量不断上升。

本书由长期从事一线新媒体编辑教学和辅导的老师,结合新媒体内容编辑岗位需求和职业院校学生的特点组织编写。从应用型角度出发,全面系统地介绍新媒体编辑各个方面的基本知识和技能,内容主要包括5大模块:新媒体编辑、新媒体编辑平台、新媒体编辑工具、新媒体内容排版和新媒体内容编辑实战,涉及的互联网产品有微信公众平台、头条号、秀米网、微店、抖音、淘宝直播、易企秀、小影、Snapspeed、思维导图、H5小游戏等各种平台,从基础学起,从技巧出发,从实践中来,到实战中去,使学生快速掌握知识要领。

本书有以下特点:

(1)按照项目导向和任务驱动的方式组织教材的体系结构,采用"项目→任务→活动"的方式编写,并根据每个项目的内容与特点,安排了具体的情境任务、课堂活动、合作实训和课后习题。

(2)本书的编写突出学生的主体地位,强化学生的新媒体编辑技能,让学生在做中学,学中做,实现学生理论知识和实践能力一体化融合。

(3)每一个项目有"项目综述""项目目标""项目任务",每一个任务有"情境设计""任务分解",每一个活动有"活动背景""活动实施""活动评价",每一个任务结束有"合作实训",每一个项目结束有"项目总结"和"项目检测"。完全体现了学生的学习活动,中间还穿插"知识窗""温馨提示""试一试"等栏目,帮助学生思考、理解和消化书中的知识与技能。

(4)将移动商务技能竞赛、新媒体创业大赛等标准融入教材,以赛促教,以赛促学。在编写上,图文并茂,文字力求简洁活泼、通俗易懂。

本书总共包括5个项目,其中项目1由魏会朴编写;项目2由温李芳、李永良编写;项目3由李怀亮、付良才、周惠燕编写;项目4由樊明睿、李莉、沙丙晖编写;项目5由范丛丛、刘孙敏编写。全书由李怀亮担任主编并负责统稿。

本书配有电子课件、电子教案、电子素材等资源供教师参考学习,需要者可到重庆大学出版社的资源网站(www.cqup.com.cn)下载。

本书在编写过程中,编者参考和引用了大量的书籍、论文、网页和其他形式的前人研究成果,并在书后参考文献中尽量做了出处说明。在此对文献的著作者表示深切的谢意,但有的参考文献由于时间仓促及编者的原因可能有所遗漏,如有因作者疏漏而未列出的文献,敬请谅解。若涉及版权问题,请作者与重庆市版权中心联系获取稿酬。由于编者水平有限,疏误之处在所难免,敬请读者和同行批评指正。

编　者

2019 年 7 月 16 日

目　录

项目 1　走近新媒体编辑

项目综述

电子商务专业毕业生小萍,欲两天后到某互联网公司面试新媒体编辑一职。小萍了解了该公司的招聘需求,结合自身专业特长,认为自己可以胜任。小萍真的可以胜任吗? 为保证其面试成功,你认为小萍还需要做哪些方面的准备工作?

知己知彼,百战不殆。小萍应聘新媒体编辑一职,她面试前的准备工作应该包括以下几个方面:

(1)既然是新媒体编辑,那么新媒体是什么?

(2)该企业致力于互联网自媒体板块,自媒体又是什么?

(3)新媒体现在是怎样的一种发展状况?

(4)该岗位的工作职责是怎样的?

(5)在该职业中要想成为一名合格的编辑,需要具备哪些能力和素养呢?

(6)该岗位还需要懂得遵守哪些职业操守和道德以及法律法规呢?

小萍有了上述的这些准备,我们相信她的面试会更加顺畅,事半功倍。

项目目标

通过本项目的学习,应达成的具体目标如下:

知识目标

➤ 了解新媒体和自媒体的发展现状、特点以及发展趋势;

➤ 掌握新媒体编辑岗位的职责要求、职业能力与素养以及需要遵守的职业道德与法规。

能力目标

➤ 能了解企业新媒体业务的实际需求和岗位价值；

➤ 能了解招聘市场对新媒体编辑人才或岗位的需求。

情感目标

➤ 在学习的过程中培养学生的团结协作精神；

➤ 在实践的过程中培养学生实现自我价值的世界观。

项目任务

任务1　认识新媒体

任务2　认识新媒体编辑岗位

任务1　认识新媒体

情境设计

新媒体是近几年非常热门的一个概念,为了能够更加顺畅地应对面试中可能出现的各种问题,小萍首先应该详细地了解新媒体,以及新媒体的范畴、特点和未来的发展趋势。她通过查找资料确定新媒体的未来发展前景是广阔的,增加立志从事新媒体行业的信心。为了尽快了解新媒体行业的相关知识,小萍首先需要通过互联网,再通过计算机、手机等途径了解新媒体的相关信息,掌握新媒体的范畴、概念和特点;接着了解自媒体的特点和优势,厘清新媒体与自媒体的关系;最后查阅相关新闻和报告,了解行业的发展现状和趋势。

任务分解

为了争取到难得的新媒体编辑职位,在招聘面试中脱颖而出,小萍在专业老师的指导下,利用网络自主学习,同时通过百度等信息检索工具收集、整理新媒体和自媒体的相关资料,并进行分析和思考。

活动1　了解新媒体

活动背景

为了能够实现了解新媒体的目标,小萍通过不同的搜索引擎,检索"新媒体",希望找到关于新媒体的各类信息。她发现各大网站关于新媒体的定义众说纷纭,百度百科、文库等中也有相关描述,但是到底新媒体是如何定义的呢? 它的特点、类型以及对社会的影响有哪些呢?

知识窗

1. 新媒体概述

"新媒体(New media)"一词源于 CBS(美国哥伦比亚广播电视网)技术研究所所长 P. Goldmark 1967 年的一份商品开发计划。关于新媒体的定义很多,至今没有定论,比较规范的说法为:新媒体是新的技术支撑体系下出现的媒体形态,如数字杂志、数字报纸、数字广播、手机短信、移动电视、网络、桌面视窗、数字电视、数字电影、触摸媒体、手机网络等。相对于报刊、图书、广播、电视四大传统意义上的媒体,新媒体被形象地称为"第五媒体"。

2. 新媒体的主要类型

新媒体的主要类型有门户网站、搜索引擎、电子邮箱、虚拟社区、网络游戏、博客、播客、维客、手机短信、网络电视、手机电视、数字电视、手机报、网络杂志等。常见的新媒体类型如图 1.1.1 所示。

图 1.1.1 常见的新媒体类型

3. 新媒体的特点

新媒体技术就是交互式媒体的展现,未来媒体的发展趋势便是受众与媒体之间更多、更深层次的互动。新媒体从传播到内容都具有不同的特点,如图 1.1.2 所示。

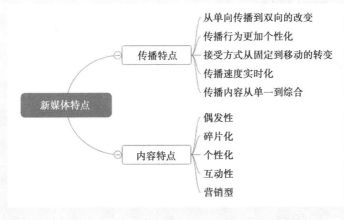

图 1.1.2 新媒体的特点

活动实施

小萍通过对不同的网站进行检索,希望达到自己的目的。她通过以下活动来完成目标。

(1)百度检索"新媒体"。除去广告推广之外,请分析各类门户网站(新浪、网易、搜狐、腾讯)是如何描述新媒体的,分析新媒体的范畴和类型。

(2)浏览不同的新媒体平台,分析各平台的特点是什么?这些新媒体平台包括微博、微信、手机淘宝、直播平台等,然后完成表1.1.1中的内容。

表1.1.1 新媒体平台的特点

平　台	特　点
微信	
微博	
手机淘宝	
直播	
其他	

(3)小组讨论,新媒体在互联网中的地位,以及对社会的影响是什么?

试一试

选择一位非电子商务专业的同学,向他介绍新媒体的知识,看看他能明白多少。

活动评价

通过本活动,小萍很好地了解了新媒体的基本情况,知道新媒体是什么,对于面试中可能问到的关于新媒体的知识,相信她会对答如流,并能说出自己的观点和看法。

活动2　了解自媒体

活动背景

了解了什么是新媒体,是否就可以了呢?小萍面试的企业岗位是属于自媒体板块的,那么自媒体又是怎样的?它与新媒体一样吗?它们各自有哪些特点或优势呢?

知识窗

1. 自媒体概述

自媒体(We Media)又称公民媒体或个人媒体,是指私人化、平民化、普泛化、自主化的传播者,以现代化、电子化的手段,向不特定的大多数或者特定的单个人传递规范性及非规范性信息的新媒体的总称。

在自媒体时代,各种不同的声音来自四面八方,"主流媒体"的声音逐渐变弱,人们不再接受被一个"统一的声音"告知对或错,每一个人都从独立获得的资讯中,对事物做出判断。

比较知名的自媒体人主要有罗振宇(罗辑思维)、王凯(凯叔讲故事)等。其中图1.1.3罗振宇凭借罗辑思维成为自媒体的典型代表,每年的《时间的朋友》跨年演讲更是一票难求,传为佳话。

图 1.1.3　罗振宇和他的罗辑思维

2. 自媒体的特点与优势

自媒体之所以爆发出如此大的能量和对传统媒体有如此大的威慑力,从根本上说取决于其传播主体的多样化、平民化和普泛化。自媒体的特点如图1.1.4所示。

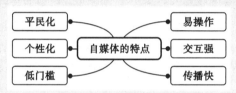

图 1.1.4　自媒体的特点

3. 自媒体与新媒体的区别

自媒体有别于由专业媒体机构主导的信息传播,它是由普通大众主导的信息传播活动,由传统的"点到面"的传播,转变为"点到点"的一种对等的传播概念。

自媒体可以包含在新媒体之内,属于新媒体,它们仅仅是传播者不同,当传播者为个人时就是自媒体。

活动实施

(1)百度搜索"自媒体"和"自媒体人",检索国内比较著名的自媒体代表人物。

(2)熟悉各个自媒体平台,并分析它们在自媒体行业的优势是什么。

(3)结合百度文库、百度百科中的描述,请小组合作分析自媒体的范畴。

(4)结合前3步的活动内容,总结自媒体有哪些特点?相对新媒体来说,自媒体有哪些优势?

(5)总结新媒体与自媒体的区别,完成表1.1.2。

表 1.1.2　新媒体与自媒体的区别

	传播者	信息	媒介	接收者	传播效果
自媒体					
新媒体					

活动评价

小萍通过本次活动,提升了分析问题的能力,不仅了解了自媒体的定义,也更加深刻地理解了新媒体。小萍发现通过自主学习,或者小组合作学习,从问题任务出发,多维度搜索素材信息,可以从本质上理解自媒体和新媒体,并了解现在自媒体和新媒体都有哪些平台。

活动3　分析新媒体现状与趋势

活动背景

当理解了新媒体,并了解了新媒体的社会范畴后,新媒体的发展是怎样一种现状? 未来的发展何去何从? 这些对于小萍来说也是至关重要的,企业的生命周期越长,对员工的职业生涯的发展越有益,所以一个行业的现状和发展对一个人的职业发展起着非常重要的作用。

知识窗

1. 新媒体行业的现状

"互联网+"成为媒体深化融合的新引擎,国家战略持续助推新媒体行业发展,传统媒体与新兴媒体通过优势互补,"一体化"发展深度影响中国社会各层面发展。

在我国大力推动网络和信息化事业发展的顶层设计强化下,新媒体连接多行业、多领域发展,成为中国社会转型新阶段的关键因素,各种新技术、新理念、新形态、新模式竞相呈现。

2. 新媒体发展趋势的分析

大数据、移动互联网、社交媒体是全球新媒体发展的主要动向,已经形成相关联的新媒体产业。清华大学新闻传播学院教授、博导沈阳在一场培训上分析新媒体发展方向,如图1.1.5所示。

①移动化。

移动互联持续创新与改变新媒体的发展态势。

②轻悦化。

轻悦化就是比较轻松和喜悦。在所有传播过程当中,自传播是一种最核心的、最高效的传播。

③社群化。

当我们构建一个社群的时候,其实无所谓平台的变迁。

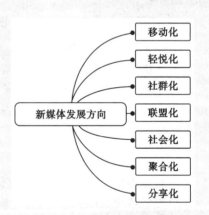

图1.1.5　新媒体发展的方向

④联盟化。

构建不同的行业领域联盟,实际上有利于我们整合跨界资源。

⑤社会化。

社会化媒体不仅融入主流社会,而且如今可与搜索引擎、门户网站、电子商务相匹敌,并基于社会化媒体平台不断延伸出第三方应用,蝴蝶化效应地引发各类崭新社会化商业变革。

⑥聚合化。

在新的传媒时代,新媒体更加广泛地渗入人类社会生活,从"互联网＋"到"＋互联网"都重要,从"万物互联"到"万物智能",从城市到农村,线上线下,人工智能,各类VR/AR,大数据,智能云等都将极大地改变人们未来的生活。

⑦分享化。

社会化媒体(social media)依然是新媒体发展的焦点,"分享经济"的媒体创意效应出现。

活动实施

(1)百度检索"新媒体",如图1.1.6所示;百度检索"新媒体发展趋势",如图1.1.7所示。分析各大平台(门户网站、论坛、企业网站等)对新媒体发展的预测和态势。

图 1.1.6　百度检索"新媒体"

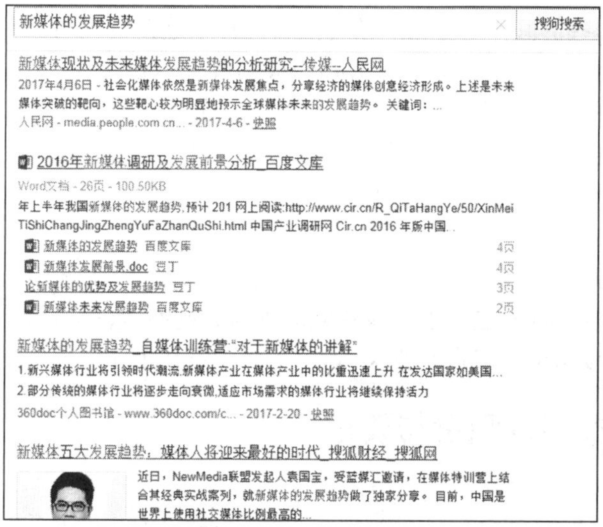

图 1.1.7　百度检索"新媒体的发展趋势"

（2）登录不同的新媒体平台,思考:不同的平台,它们主要运营的业务内容有哪些? 小组讨论:为什么这些内容是平台的主要核心内容?

（3）借助各大平台,分析未来新媒体的发展方向,各大网站都有什么观点? 请小组讨论总结。

活动评价

一个行业的良好发展态势,对该行业的企业来说至关重要。通过本次活动的开展,小萍了解了新媒体的现状和发展趋势。同时,小萍利用搜索引擎工具来挖掘知识的方法可以举一反三,信息检索能力可为日后的工作打下良好的基础。

试一试

4 人为一个小组,通过小组合作的方式,运用 SWOT 分析的方法,对比分析传统媒体和新媒体各自的优劣势、面临的机会和存在的威胁,然后制作 PPT 向同学们汇报展示。

知识窗

SWOT 分析方法是一种企业内部分析方法,即根据企业自身的既定内在条件进行分析,找出企业的优势、劣势及核心竞争力之所在,从而将公司的战略与公司内部资源、外部环境有机结合。其中,S 代表 Strength(优势);W 代表 Weakness(弱势);O 代表 Opportunity(机会);T 代表 Threat(威胁)。S、W 是内部因素,O、T 是外部因素。

任务 2　认识新媒体编辑岗位

情境设计

通过前面的任务,小萍已经掌握了新媒体行业的基本情况,但是这个岗位到底是做什么的? 会对企业产生哪些价值? 与自己的条件是否相符? 这些情况对小萍是否有信心胜任这份工作至关重要。为了提升在面试中的信心和成功胜任这份工作,小萍不仅要从宏观方面对整个新媒体行业有所了解,更要对新媒体编辑这一岗位有更加深入的认识。她从智联招聘等招聘网站和浏览相关新闻案例入手,开始进一步认识新媒体编辑岗位。

任务分解

小萍和负责实习的就业指导老师王老师进行交流,谈话中王老师对小萍同学对新媒体行业的见解和看法表示赞许,也给了一些企业的资料让她参考,并告诉她要想从事新媒体编辑工作,首先要了解该岗位的职责和要求,其次还要注意在工作中养成良好的职业素养。

活动1　掌握岗位职责与要求

活动背景

小萍通过智联招聘、前程无忧等招聘网站,筛选有代表性的相同或相似的岗位进行分析,整理出新媒体编辑主要的岗位职责和招聘要求,掌握岗位的价值。

知识窗

1. 新媒体编辑的岗位职责

新媒体编辑主要负责新媒体平台日常内容的撰写和运营,包含内容编辑、日常维护、活动策划、粉丝互动、社区运营、兼职维护等,扩大粉丝数及提升粉丝的活跃度、互动率和黏性,同时提高公众号的线下影响力。新媒体编辑岗位工作职责如下:

①收集、研究网络热点话题;

②撰写和发布各种优质、有传播性的内容,完成新媒体内容的策划和日常更新与维护;

③负责撰写各类新闻、报道等稿件,包括原创、借势等;

④负责撰写推广软文;

⑤负责新媒体平台的日常运营工作,包括与粉丝互动等。

2. 新媒体编辑的工作流程

新媒体编辑的工作流程一共包括 6 个环节,如图 1.2.1 所示。

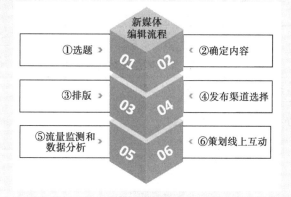

图 1.2.1　新媒体编辑的工作流程

3. 新媒体编辑的岗位要求

①电子商务、中文、新闻、计算机等专业,学过编辑类课程的优先;

②热爱互联网和文字类工作,熟悉各类新媒体,了解网络社会化媒体传播形式;

③对新媒体平台有浓厚的兴趣,有新媒体编辑领域从业经验者优先;

④良好的文字功底,对互联网传播有较深的认识和看法;

⑤有基本的设计和美工能力;

⑥有较强的网站专题策划和信息采编能力;

⑦有较高的职业素养、敬业精神及团队精神;

⑧能了解大众阅读习惯和需求,擅长沟通。

活动实施

(1)登录智联招聘,通过搜索栏,检索"新媒体编辑",如图 1.2.2 所示。

(2)选择至少 5 家企业,分析它们的新媒体编辑岗位需求,完成表 1.2.1。

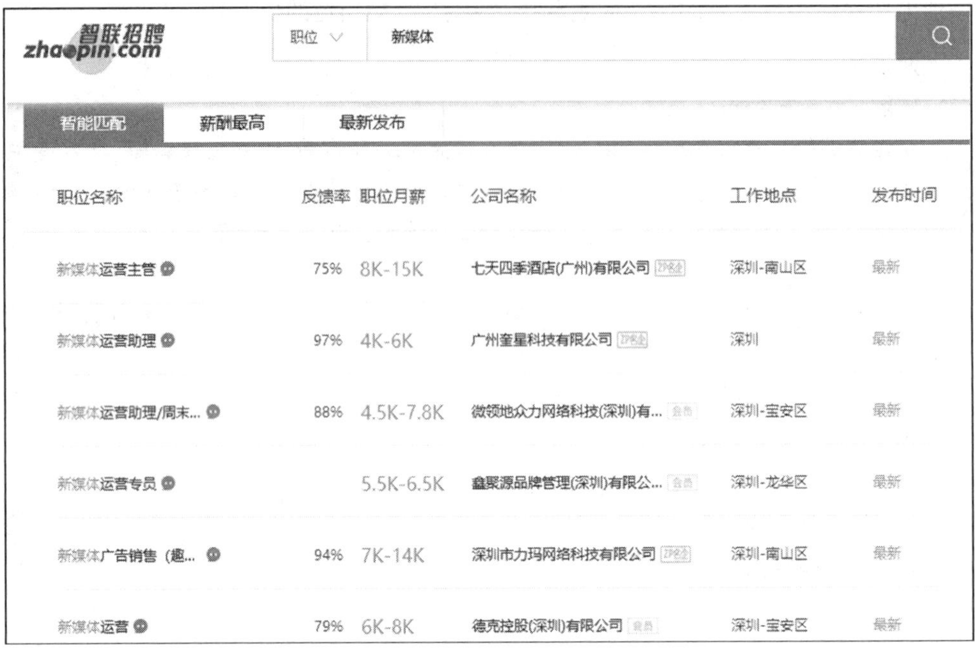

图1.2.2　智联招聘网站的新媒体岗位需求

表1.2.1　新媒体企业岗位需求表

企业名称	所属行业	主营业务	岗位职责	应聘条件	薪资待遇

(3)总结新媒体编辑岗位大多出现在哪些行业?总结新媒体编辑岗位的工作职责和要求。

(4)总结新媒体编辑的岗位价值。

活动评价

新媒体平台有多种,各大平台对新媒体编辑岗位的职责与要求也有所不同,编辑的工作内容按照职责细分,所以切忌把工作内容定义或理解成工作职责。

活动2　熟悉职业能力与素养

活动背景

小萍对新媒体编辑的工作职责有了清晰的认识,但是这个岗位对企业产生了哪些价值呢?除了具体的应聘要求外,还需要求职人员具备怎样的职业能力与素养?或者说要想成为一名优秀的新媒体编辑,还需要具备哪些技术要求以外的职业能力和素养?

知识窗

1. 新媒体编辑的职业能力

敏感的人更适合从事媒体,尤其是新媒体的工作。不论是作为传统媒体,还是作为企业的新媒体,都需要更在意趋势,对趋势的把握都尤为关键,更关键的是要在众多的趋势中,坚持自己的取向。

①具有对新闻事件高度的敏感性;

②较好的新闻判断和标题把控能力;

③有敏锐的网络热点捕捉力;

④采集、整合信息能力强;

⑤具有一定的文字功底和知识水平;

⑥良好的营销能力;

⑦具有较强的沟通协调能力,较强的文字驾驭能力及内容策划能力;

⑧具有良好的用户体验感知能力和舆论导向能力。

2. 新媒体编辑的职业素养

新媒体编辑特定的素养要求如图1.2.3所示。

其中,政治素养、法律素养、文化素养是新媒体编辑与传统编辑相通的素养;IT素养指新媒体编辑只有努力培养和锻炼自己的计算机和网络技能,不断学习、吸收新的网络知识和技能,才能不断改进工作方式、提高工作水平和效率、迎接新时代的挑战;信息处理素养包括对海量信息的甄别力、整合力、策划力、影响力、互动力以及对市场观察的敏锐力等,这是新媒体编辑素养中非常重要的部分。

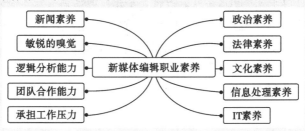

图1.2.3 新媒体编辑的职业素养

活动实施

(1)至少登录3家不同行业的企业(有新媒体编辑一职),收集并整理该公司新媒体编辑的工作职责和每天的工作内容,完成表1.2.2。

表1.2.2 3家企业新媒体编辑的岗位职责和工作内容分析表

	所属行业	主营业务	部门职责	编辑职责	工作内容
企业A					
企业B					
企业C					

（2）结合每日的工作内容和职责以及所属部门的职责,分析和总结新媒体编辑的岗位价值以及为企业带来了哪些益处。

（3）分析新媒体编辑需要具备什么样的能力才能把工作做得更好、更快、更高效。

（4）作为一个职场人员,一个新媒体平台编辑,需要具有什么样的职业素养,才能成为一名优秀的编辑。

试一试

结合自身的个性和特点,看看自己是否适合新媒体编辑岗位?

活动评价

一个人的职业能力和素养是一定要比本岗位的要求高出很多,才不会让自己的能力和素养局限了个人的发展。通过本活动的学习,学生不仅掌握了新媒体编辑的职业能力和职业素养,更要站在第三方的立场来考虑新媒体编辑岗位。

活动3 了解职业道德与法律

活动背景

新媒体从业人员职业资格管理滞后,导致当前新媒体采编人员素质良莠不齐,网络谣言、虚假新闻、网络炒作等事件不断。作为一名准备进入新媒体编辑行业的新人,是否具备了专业的技能、良好的职业素养就可以了呢? 就可以成为一名优秀的新媒体编辑吗?

知识窗

1. 新媒体编辑的职业道德

新媒体编辑的职业道德是指新媒体编辑人员在职业活动的整个过程中,必须遵循的与所从事的职业活动相适应的行为规范和准则。除了包括所有就业者需要遵守的职业道德的共性,如忠于职守、乐于奉献、承担责任等之外,还拥有新媒体编辑职业的个性。

新媒体编辑必备的职业道德还包括:

①实事求是,勿炒作;

②积极向上的价值观;

③勿蹭热点,借机炒作;

④正确的舆论导向。

2. 新媒体编辑的职业法规

新媒体编辑要熟知包括著作权、肖像权、隐私权、名誉权、新闻控制与新闻自由以及传播从业人员自律等内容的基本法律法规,树立依法编辑的意识,维护自身和他人的合法权益。所以,无论是新媒体还是传统媒体,适用法律规则是一样的。但是,新媒体也有其自身的特点,就是问题集中于隐私权、肖像权、名誉权等方面。

活动实施

（1）搜寻近两年的商业犯罪案例至少5例（必须包含新媒体行业的案例）,并分析案例产生违法行为的原因,需要承担的责任以及触犯了哪些法律法规,完成表1.2.3。

表 1.2.3　新媒体行业的商业犯罪案例分析表

案例序号	案例内容	违法行为	承担的责任	违反法律法规
案例 1				
案例 2				
案例 3				
案例 4				
案例 5				

（2）请各小组总结和分析，作为一名合格的新媒体编辑应该具备怎样的道德素养，遵循哪些法律法规。

活动评价

通过本活动，小萍认识到作为新媒体工作者，创造一个健康、积极向上的网络环境不仅有益于自身的发展，对健康的社会舆论的形成，甚至对青少年的健康发展至关重要。

合作实训

4 人为一个小组，小组内部采用角色扮演的方式，两名同学扮演小萍应聘的企业考官，制作招聘海报；两名同学扮演应聘者，制作个人简历，现场模拟面试情景。

项目总结

新媒体目前已经进入一个爆发期，正是在这个爆发期产生了大量的社会需求。伴随其发展也产生了更多的公关、广告岗位，涉及数据、心理博弈、媒介合作、话题引爆等方面，新媒体作为企业营销新渠道也更接近用户的心理与需求。同时，为了保证其更加健康良好地发展，新一代新媒体人所承担的社会责任和岗位责任就显得尤为重要。

项目检测

1. 单项选择题

（1）以下哪个不是新媒体的特点？（　　　　）

A. 双向性　　　　　B. 实时性　　　　　　C. 营销性　　　　　D. 封闭性

（2）以下哪个不属于自媒体的优势？（　　　　）

A. 个性化　　　　　B. 交互强　　　　　　C. 专业化　　　　　D. 门槛低

（3）新媒体行业的发展存在很多有利因素，以下哪个选项不是？（　　　　）

A. 网络用户持续增长　　　　　　　　B. 互联网技术快速发展

C. 营销优势明显　　　　　　　　　　D. 原创内容不足

（4）以下哪项不是新媒体编辑岗位的要求？（　　　　）

A. 电子商务、中文、新闻、计算机等专业，学过编辑类课程的优先

B. 有基本的计算机编程和美工能力

    C.对新媒体平台有浓厚的兴趣,有新媒体编辑领域从业经验者优先

    D.良好的文字功底,对互联网传播有较深的认识和看法

(5)作为新媒体编辑必须具有良好的职业素养,以下哪个选项不是?(　　　)

    A.工作责任心强,具备团队合作精神、吃苦耐劳

    B.具有一定的文字功底和知识水平

    C.敏锐的嗅觉

    D.政治素养

2.多项选择题

(1)最常用的新媒体平台有(　　　)。

    A.微博平台　　　B.微信平台　　　C.视频平台　　　D.直播平台　　　E.SNS平台

(2)新媒体的特点包括(　　　)。

    A.单向性,从双向传播到单向的改变

    B.传播行为更加个性化

    C.接受方式从固定到移动的转变

    D.传播速度实时化

    E.传播内容从单一到综合

(3)自媒体平台包括(　　　)。

    A.微信号　　　B.头条号　　　C.百家号　　　D.网易号　　　E.搜狐自媒体

(4)新媒体未来的发展趋势(　　　)。

    A.移动化　　　B.轻悦化　　　C.社群化　　　D.社会化　　　E.分散化

(5)以下属于新媒体编辑岗位职责的是(　　　)。

    A.收集、研究网络热点话题

    B.撰写、发布各种优质、有传播性的内容,完成新媒体内容的策划和日常更新与
      维护

    C.负责撰写各类新闻、报道等稿件,包括原创、借势等

    D.负责撰写推广软文

    E.负责新媒体平台的日常运营工作,包括与粉丝互动等

3.判断题

(1)新媒体的范畴很广,包括手机媒体、交互网络电视、移动电视、微信、博客、播客等。

                                      (　　　)

(2)自媒体也具有新媒体的特点。　　　　　　　　　　　　　　　　　(　　　)

(3)新媒体编辑的工作主要由内容生成和内容运营两部分组成。　　　(　　　)

(4)作为一名新媒体编辑,必须具备政治素养、文化素养、IT素养等。　(　　　)

(5)新媒体编辑可以在自己的博客转载任一篇网络上发布的信息。　　(　　　)

4.简述题

(1)简述新媒体的定义和特点。

(2)简述自媒体与新媒体的区别。

（3）简述新媒体编辑岗位的工作职责和要求。

（4）简述新媒体编辑需要具备的职业素养和能力。

（5）简述新媒体编辑需要遵循的职业道德和法律法规。

5.趣味挑战题

（1）结合新媒体编辑岗位的招聘需求和岗位职责,制作一份贴合度较高的求职简历。

（2）小萍如果想成功应聘新媒体编辑,除了完成本项目的任务外,还需要了解哪方面的内容?

项目 2　熟悉新媒体编辑平台

项目综述

　　小萍在了解新媒体和自媒体概念的基础上,对新媒体的现状与发展、岗位职责与要求有了初步认识。经过充分准备,小萍成功应聘成为麦种科技有限公司的一名实习生。目前,她实习所在的公司采用的主要推广运营的媒体仍偏重于传统媒体,但公司的领导有意向从传统媒体转向新媒体。该公司的相关领导人让小萍作为拓荒者,要求她率先认识、理解各新媒体编辑平台,在为公司选定新媒体编辑平台后,公司再招聘相关员工,向新媒体运营方向发展。

项目目标

　　通过本项目的学习,应达成的具体目标如下:
知识目标
➤　知道微博、微信及脸书(Facebook)、知乎等社交平台的特点;
➤　知道微信公众号、头条号、大鱼号等自媒体平台的特点;
➤　知道移动端淘宝、微店、有赞等常见的移动电商平台;
➤　知道常见的短视频平台和直播平台。
能力目标
➤　能说出微博、微信及脸书、知乎等社交平台的特点;
➤　能说出微信公众号、头条号、大鱼号等自媒体平台的特点;
➤　能说出移动端淘宝、微店、有赞等常见的移动电商平台的特点;
➤　能说出常见的短视频平台和直播平台的特点;

➢ 能根据营销目标选用合适的新媒体编辑平台,并能够根据需要操作这些平台。
情感目标
➢ 建立善用工具提高工作效率的思维;
➢ 激发从事新媒体编辑工作的兴趣与信心。

项目任务

任务 1　使用新媒体社交平台
任务 2　使用自媒体平台
任务 3　使用新媒体电商平台
任务 4　熟悉新媒体视频平台

任务 1　使用新媒体社交平台

情境设计

麦种科技有限公司想通过新的方式推广客户产品,几经讨论后决定采用新媒体社交平台作为推广平台。应当使用何种平台作为主要推广平台呢? 这让负责推广工作的部门经理有些难以抉择,于是他决定让上岗不久的电子商务专业实习生小萍先行了解当前新媒体社交平台有哪些,以及它们各自不同的特点、运作方式,以备开会讨论时使用。

任务分解

小萍接到部门经理的任务后,首先了解了当前新媒体社交平台有哪些,熟悉了几个热门的平台,有的放矢地学习这些平台的基本操作,同时描述它们各自不同的特点和运作方式,制作成 PPT 以便在部门会议上汇报。

活动 1　使用微博

活动背景

实习生小萍使用过的第一个新媒体平台是微博,不过她平时也就关注过新闻媒体、喜欢的球队官方微博以及一些旅游爱好者的微博,自己发微博和转发微博的次数都少得可怜。在企业导师的引导下,她从了解微博概念入手,较为全面地认识了微博,学习了微博的基本操作。

> **知识窗**
>
> 1. 微博的概念
>
> 微博是微型博客的简称,即以前的新浪微博,是一个通过分享简短实时信息的社交网络平台,它的 LOGO 如图 2.1.1 所示。世界上著名的微博平台有美国的推特(Twitter)。
>
> 2. 微博大 V
>
> 同时满足以下两个条件的微博可称为微博大 V:一是,实

图 2.1.1　新浪微博的 LOGO

名注册并通过认证的微博;二是,活跃着众多粉丝,通常粉丝数目超过 50 万。微博大 V 包含橙色认证和蓝色认证两种用户。蓝色 V 是公司、工作室等企业机构实名认证的微博大 V,如图 2.1.2 所示;橙色 V 是演员、作家、网红、歌手等个人实名认证的微博大 V,如图 2.1.3 所示。

图 2.1.2　天猫的蓝色 V

图 2.1.3　实名认证的互联网科技博主个人橙色 V

3.微博优势

在微博平台上,用户们通过"关注"机制进行广播式的分享。表 2.1.1 清楚展示了微博在营销方面的优势。

表 2.1.1　微博在营销方面的优势

优　势	多样式的营销工具			传播速度快		受众广且影响力强		互动营销成本低		
案例	广告	促销	活动	发布简单、便捷	实现"病毒式"传播	用户多	企业覆盖面广	免费开放平台	功能齐全、不断完善	用户量大

活动实施

小萍通过搜索引擎并结合自身经历,梳理出微博学习的思路:认识微博、发布微博、微博互动,顺利完成微博的学习活动。

第 1 步:微博的注册与登录。小萍可以在浏览器的地址栏中输入微博网址,打开微博官网。由于太久未登录,她采取短信验证码的方式登录微博。此外,还可以用手机下载并安装和使用微博 App。

如果是第一次使用微博,可以点击"注册",打开如图 2.1.4 所示的界面,用户可根据实际情况选择个人注册或官方注册。如果是个人注册,只需要输出手机号或者邮箱,设置密码,并输入短信激活码,即可以完成微博的注册。

第 2 步:微博内容发布。

(1)由于长时间没使用微博,小萍需要通过观察与尝试,重新体验各种操作方法。她在微博首页找到了微博的编辑框,如图 2.1.5 所示。

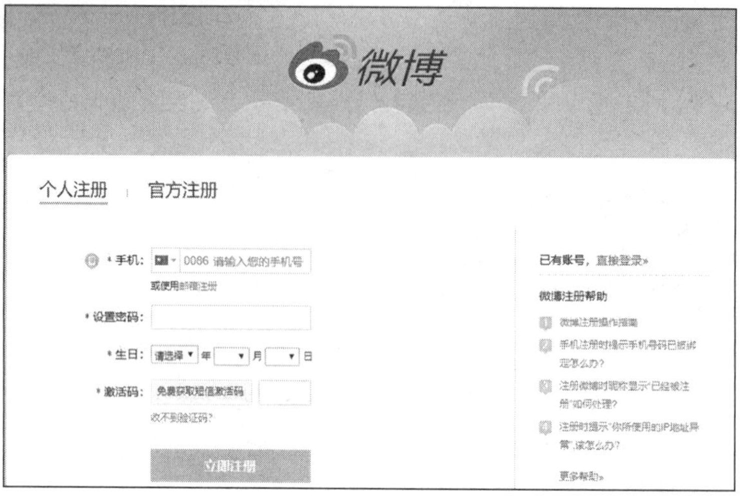

图 2.1.4　微博的注册界面

图 2.1.5　微博的编辑框

（2）信息技术日新月异，微博的版本也在不断更新，小萍认为很有必要重新了解微博内容发布的格式与编写的注意事项。

当前微博可编辑发布的内容可包含表情、图片、视频、话题、头条文章、直播、点评、定时发、音乐和投票等，如图 2.1.6 所示。

●关于"#"：用#创建话题，格式为"#话题名#"，其作用是提高在相应话题中的曝光率。如图 2.1.7 所示，#财校点滴#表示的是"财校点滴"这一话题。

●关于"@"：格式为"@朋友的昵称"，其作用是特别提醒被@的对象查看微博。如图 2.1.7 所示，表示特别提醒"财校-微观天下"和"广州教育"查看，这些用户被@对话就会收到查看微博的提醒信息。

（3）小萍离开校园快两个月了，她很怀念学校，正好从老师和同学那里收集了学校的图片，通过微博抒发自己的心情。

①输入文字"#财校点滴# 怀念我的大财校@财校-微观天下 V @我家的火花"，插入图片，并为图片设置标签，如图 2.1.8 所示。

②设置权限范围，可根据个人意愿选择"公开""好友圈""仅自己可见"和"群可见"，如图2.1.9所示。

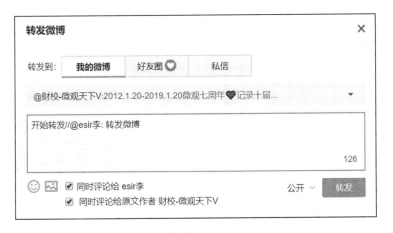

图 2.1.6 微博的可插入的对象

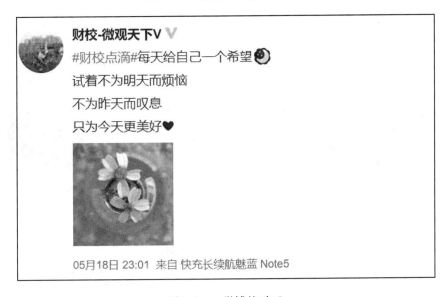

图 2.1.7 微博的#与@

③点击"发布"按钮,完成微博的发布操作,效果如图 2.1.10 所示。

第 3 步:利用微博进行互动。

(1)参与讨论。"参与讨论"就是互动的一种方式,如图 2.1.11 所示。

(2)关注微博大 V,如图 2.1.12 所示。何炅的粉丝数量是 1 亿,属于微博大 V,点击如图2.1.13所示的"＋关注"按钮,关注何炅微博。

(3)转发、点赞与评论,如图 2.1.14 所示。对于自己发布的微博可进行推广、转发、点赞与评论的操作。图 2.1.15 展示的是微博的评论功能,从该图还可看出,对他人的微博可执行的操作有:收藏、转发、评论和点赞。图 2.1.16 展示的是微博的转发评论功能。

图2.1.8   写微博

图2.1.9   设置权限范围

图2.1.10   微博的发布效果

图 2.1.11　参与讨论

图 2.1.12　搜索微博

图 2.1.13　关注微博

温馨提示

微博互动对于提高微博的人气和活跃度很有帮助。有些微博可能存在大量粉丝,转发次数也不少,但粉丝评议数却很少。究其原因,是内容的互动性不够。

提高互动性的措施有以下 4 种措施:①末尾以疑问句结尾;②发表投票型博文;③竞技型;④适当使用@。

图 2.1.14   自己微博的推广、转发、评论与点赞

图 2.1.15   转发"【超话】财校点滴"的微博

图 2.1.16   微博的转发评论

试一试

（1）分别关注两个个人微博大 V 和两个企业微博大 V，并说出个人微博营销与企业微博营销有哪些不同点。

（2）为你所熟悉的一款产品或者一家企业撰写"头条文章"并发布。

活动评价

通过这个活动，实习生小萍进一步提高了对微博的认识，也掌握了微博的一些基本操作，同时了解到可利用微博展开互动。

活动2　使用微信

活动背景

对微博的认识告一段落，小萍趁热打铁进行第二个学习活动——微信的学习。微信，在当下几乎是大多数人每天都会使用的一个社交工具，加强对其的了解与学习，是非常必要的。在与企业导师沟通后，小萍厘清了学习思路，并归纳了微信知识。

知识窗

1. 微信的概念

微信是腾讯公司推出的免费通信服务应用程序，一个集语音、视频、短信、图片于一体的社交媒体。据统计，目前微信用户数已超过 9 亿，其自身更成为一个辐射整个中国互联网的超高频社交平台。此外，微信支付、微信朋友圈等功能也为平民大众所熟知和使用。

2. 微信的特点

微信的特点见表 2.1.2 所示。

表 2.1.2　微信的特点

特色功能	支持文字、语言短信、图片和视频等多媒体信息，信息发布方便快捷，适合各类人群，互动性强、时效性强
	群聊功能
	LBS 功能，即可查看所在位置附近使用微信的人
	红包功能、收付款
跨平台	支持安卓、iPhone 平台的手机之间相互收发消息，也支持 PC 端与手机端的互动
省流量	1 MB 数据大约可以发送 1 000 条文字信息
	后台运行每小时只消耗 2.4 kB 流量

活动实施

第 1 步：认识微信的主要功能。登录微信后，可看到"通讯录""微信""发现"和"我"4个菜单，如图 2.1.17 ~ 图 2.1.20 所示。

图 2.1.17　微信的"通讯录"界面

图 2.1.18　微信的聊天窗口

图 2.1.19　微信的"发现"界面

图 2.1.20　微信的"我"界面

　　其中,"微信"是聊天预览窗口,显示最近联系过的好友。"通讯录"显示所有好友,则可实现对好友、群聊、标签和公众号的管理。"发现"菜单包含"扫一扫""摇一摇""看一看""附近的人""漂流瓶"和小程序等社交功能。"我"可以显示二维码、管理钱包、收藏、相册和设置等。

试一试

　　4 人自由组合一个小组,根据日常使用微信的经历,使用头脑风暴法尝试写出微信尽可能多的功能,并展示。

　　第 2 步:熟悉微信的基本操作。

　　(1)注册微信。早期微信的注册比较简单,可以使用手机号、QQ、邮箱等方式注册。目前,仅允许通过手机号码注册,而且需要好友帮助完成安全验证。微信的注册具体步骤如图

2.1.21~图2.1.26所示。

图 2.1.21 填写手机号

图 2.1.22 安全检验

图 2.1.23 好友辅助

图 2.1.24 辅助成功

图 2.1.25 验证成功

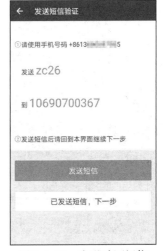

图 2.1.26 发送验证短信

（2）使用微信群。

①建立群。选择"微信"菜单，点击"＋"，显示如图2.1.27所示的界面；选择"发起群聊"，弹出如图2.1.28所示的界面；选中"面对面建群"，弹出的界面如图2.1.29所示；输入面对面建群的4个数字，输入相同数字的所有朋友都将显示类似如图2.1.30所示的界面；点击"进入该群"即可完成群的建立，如图2.1.31所示。

②邀请加群。点击群右上角人物头像的图标，显示如图2.1.32所示的群设置界面，点击"＋"号邀请好友加入该群。如果非好友要加入群，可通过扫描群的二维码方式加入群。

③学会"@所有人"。与QQ群不同，微信的聊天页，无法直接实现@所有人，只能@具体某人，如果要实现@所有人，可通过群主发布群公告的形式@所有人。若非群主，无法实现@所有人。

图 2.1.27　发起群聊

图 2.1.28　面对面建群

图 2.1.29　面对面建群口令

图 2.1.30　输入口令

图 2.1.31　加入群聊

图 2.1.32　面对面建群成功

（3）编辑朋友圈的内容。

发朋友圈的操作方法是："发现"→"朋友圈"→点击自己的头像,出现如图 2.1.33 所示的界面;点击今天右侧的图标,出现如图 2.1.34 所示的选择框,可以选择"拍摄(照片/视频"或"从相册选择"发布朋友圈。点击"从相册选择"。朋友圈的内容一般是包括图文或者视频 + 文字的形式。

（4）微信的"收藏"功能。

在微信群或者朋友发送深度好文、照片和视频等时,可以选中要收藏的对象,在弹出的菜单中选中"收藏"即可,如图 2.1.35 所示。选择"我"→"收藏",可以看到以往收藏的内容,如图 2.1.36 所示。

图 2.1.33　我的朋友圈

图 2.1.34　开始拍摄

图 2.1.35　收藏功能

图 2.1.36　我的收藏

活动评价

本活动中,小萍更全面地认识了微信及其主要功能,掌握了微信及微信群的基本操作,掌握了朋友圈发布的注意事项,并认识了微信工具箱,这将更好地帮助小萍用好微信。

活动3　熟悉其他社交平台

活动背景

经过两天自主探究和讨论学习,小萍对新媒体的认识更加深入了。在学习过程中,她还了解到除了微信、微博,还有脸书、贴吧等社交平台。小萍认识到社交平台的操作大同小异,即使遇到困难,利用百度等搜索引擎工具就能解决问题。

知识窗

　　社交电商,又称社交化电子商务,是指将关注、分享、沟通、讨论、互动等社交化的元素应用于电子商务交易过程的现象,比较典型的有拼多多,如图2.1.37所示。

图2.1.37　拼多多

　　社交化电子商务具备以下3个核心特征:

　　①具有导购的作用;

　　②用户之间或用户与企业之间有互动与分享,即具有社交化元素;

　　③最为关键的是具备"社交化传播多级返利"的机制,即"SNS"营销,即可获益。

活动实施

　　小萍结合前面的学习,首先制作表格,然后根据表格标题填充完成表格。

　　第1步:回顾微信、微博平台的功能和特点,完成表2.1.3。

表2.1.3　微信、微博的功能与特点

社交平台	LOGO	突出功能与特点
微信		
微博		

　　第2步:类比学习,认识其他新媒体,完成表2.1.4。

表2.1.4　其他社交媒体的功能与特点

社交平台	LOGO	突出功能与特点
脸书		
知乎	知乎	
人人网	人人网	
贴吧	Baidu贴吧	
QQ空间	QQ空间 QZONE.COM	

第3步：社交电商如火如荼，以"拼多多"为例，小萍尝试下载拼多多App，熟悉其操作方式。

活动评价

通过活动，小萍更为全面地认识了社交平台，对社交平台的操作也充满了信心。但在学习中，她意识到社交平台有很多，而产品的推广与运营应找到并选用适合企业及品牌的社交平台，并集中推广，做到有的放矢。

合作实训

4人一小组，以小组为单位，采用头脑风暴法，每组找出尽可能多的手机社交App软件，并说出这些软件的主要用途。

任务2　使用自媒体平台

情境设计

小萍有新任务了，这次是认识各种自媒体平台。正当小萍烦恼从何入手的时候，表哥的到来让她高兴起来了，因为表哥正是资深新媒体人，从他那里可以了解到更多业内资讯。在与表哥谈话时，她对一些要点做了笔记，如"自媒体是目前比较火的行业，自媒体有比较广阔的创业空间"。小萍从谈话中了解到，微信公众号正是她平时接触得最多的自媒体平台。

任务分解

小萍先从微信公众号入手，熟悉后再了解其他平台。此外，表哥还建议小萍必须认真学习目前已经上升到和BAT一样重量级别的自媒体平台——今日头条。

活动1　使用微信公众平台

活动背景

微信是人们目前最常用的通信社交媒体，而微信公众平台却属于自媒体，这两者之间有什么不同呢？麦种科技有限公司的王经理建议小萍从微信和微信公众平台的区别入门开启微信公众平台的探索之路。

> **知识窗**
>
> 微信公众平台于2012年8月23日正式上线，曾命名为"官号平台"和"媒体平台"，创造了更好的用户体验，形成了一个不一样的生态循环。微信公众平台主要是面向名人、政府、媒体、企业等机构推出的合作推广业务。在这里，可以通过微信渠道将品牌推广给上亿的微信用户，减少宣传成本，提高品牌知名度，打造更具影响力的品牌形象。
>
> 微信公众平台的宣传口号（slogan）是"再小的个体，也有自己的品牌"，如图2.2.1所示。

图2.2.1　微信公众平台的宣传口号

活动实施

第1步：认识微信公众号和微信的区别。小萍从知乎、百度上分别搜索微信公众号、微信的异同点，通过自己的理解，整理出表2.2.1。

表2.2.1　微信公众号与微信的对比

	微　信	微信公众号
使用对象		
定位不同		
社交圈范围不同		
功能不同		
依托的介质不同		
关注		
推广方式		

第2步：微信公众号的关注。了解了微信与微信公众号的不同之后，小萍首先关注凯叔讲故事、年糕妈妈等优秀的微信公众号。

关注微信公众号的方法是：打开微信程序，执行"搜索"操作，输入"凯叔讲故事"，出现如图2.2.2所示的界面，点击"凯叔讲故事"，出现如图2.2.3所示的凯叔讲故事公众号详细资料的界面，点击"关注"，即关注成功，出现如图2.2.4所示的凯叔讲故事公众号的界面。注意，直接扫描二维码也可直接添加关注。

第3步：了解微信公众号类型。表哥提醒小萍若想做微信公众号，必须先了解微信公众号的类型，然后根据公司的需求选择合适的微信公众号的类型。在官网，小萍查到了微信公众号的类型，见表2.2.2。

图 2.2.2　微信搜索"红十字会"

图 2.2.3　找到"中国红十字会"

图 2.2.4　关注公众号

表 2.2.2　微信公众号的类型

类型	服务号	订阅号	企业微信/企业号	小程序
主要功能与用途	群发消息 会话列表显示消息 可申请微信支付 提供功能服务,主要用于营销和信息传递	在订阅号列表显示消息,主要用于传播资讯	企业微信的主要作用是帮助企业内部实现高效沟通与高效办公	专注产品与服务,具体由开发团队根据使用者需求开发
区别	使用对象是媒体和组织,每月仅能推送4条消息,功能较强大	使用对象是媒体和个人,每天可推送1条信息	使用对象是企业和组织。主要用于企业内部的员工管理	功能根据需求量身定做,不支持关注、消息推送等营销手段
案例				

试一试

为不同的微信公众号类型寻找一个典型案例,填入表 2.2.2 中。

活动评价

通过本活动,小萍对微信与微信公众号的区别、微信公众号的关注操作、微信公众号的类型都有了一定的认识,这为后续的新媒体平台选择奠定了基础。

活动 2　使用头条号

活动背景

在了解微信公众号后，小萍紧跟着表哥的指引，开始学习已经上升到 BAT 一样重量级的自媒体平台——今日头条。今日头条的基本介绍、主要功能、如何利用头条创收、自媒体文章怎么推送是表哥列给小萍的基本学习要点。

> **知识窗**
>
> 1. 什么是 BAT?
>
> BAT,B = 百度、A = 阿里巴巴、T = 腾讯,是中国互联网公司百度公司(Baidu)、阿里巴巴集团(Alibaba)、腾讯公司(Tencent)三大互联网公司首字母的缩写。BAT 已经成为中国最大的三家互联网公司。中国互联网发展了 20 多年,现在形成了三足鼎立的格局,三家巨头各自形成自己的体系和战略规划,分别掌握着中国的信息型数据、交易型数据、关系型数据,然后利用与大众的通道不断兼并后起的创新企业,如图 2.2.5 所示。

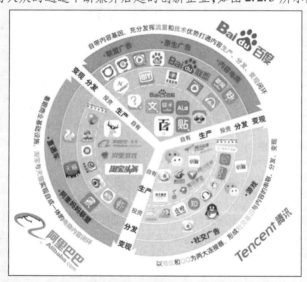

图 2.2.5　BAT 三家企业发展格局

> 2. 什么是头条号?
>
> 头条号,即今日头条旗下的媒体/自媒体平台,曾用名是"今日头条媒体平台"。在移动互联网时代,头条号致力于扩大影响力,以帮助企业、机构和媒体获得更多的关注,实现品牌的传播和内容的扩充。

活动实施

小萍从头条号的基本介绍入手,开始今日头条的学习。

第 1 步:明白头条号与微信公众号的区别,头条号与微信公众号的区别见表 2.2.3。

表 2.2.3　头条号与微信公众号的区别

头条号	微信公众号
机器推荐、分享传播	人工订阅、优质内容难以传播分发

第 2 步:清楚头条号与今日头条的关系,二者的关系如图 2.2.6 所示。

图 2.2.6　头条号和今日头条的关系图

第 3 步:熟悉头条号的主要功能,小萍经过查询,了解到头条号包括以下功能:

(1)自营广告功能。

自营广告:头条号作者自行设置广告位,并上传品牌宣传、活动简介和 App 下载等推广内容,广告在文章末尾且不与文章相连。

(2)商品功能。

头条号内容的作者在发表文章时,可在正文插入天猫、淘宝、京东、亚马逊、微店和有赞等第三方电子商务平台的商品链接。商品以卡片形式展示,用户在阅读过程中若被激发需求点击实现跳转购买。

(3)头条广告。

头条广告的广告位由头条号运营,相当于作者委托头条号平台免费代运营广告位从而实现精准推广的广告形式,作者获取收益的计算依据是广告展示量。

(4)文章原创标签功能与赞赏功能。

文章原创标签是保护原创作者的知识产权的方式,符合一定条件的头条号作者可申请开通原创标签功能。内容被标记"原创"后,头条号平台将保护原创,转载该内容的底部将出现转载信息,如图 2.2.7 所示。

图 2.2.7　头条号的原创标识

头条号开通原创标签功能后还可以增加赞赏功能。使用赞赏功能后,文章底部将出现"赞赏"按钮,类似于顾客给服务员的小费。当用户因喜欢文章而点击"赞赏"按钮时,作者将收到"小费",这是原创头条号所独有的收益方式。

（5）微头条助力提升收益。

头条是今日头条打造的一款用户原创内容的产品，头条号内容的作者可以在微头条上发布短小精悍的文字、图文或视频内容。

与微博不同的是，依靠今日头条的智能推荐机制，头条号内容的作者发布的微头条无须被关注，自动被推荐给对此内容感兴趣的受众人群。

（6）头条号的收益。

头条号的收益主要来源于文章阅读量、自营广告收益、头条广告收益、原创打赏和商品功能收益。

第4步：熟悉今日头条的推送机制。今日头条利用自身流量，根据内容匹配用户兴趣充当精准流量分发器，通过智能推荐机制帮用户把文章推荐到首页，将合适的内容推送给合适的人，为用户带来阅读量。

头条文章第一次被推送受热门的时间、用户需求量、原创和用户搜索等因素影响，见表2.2.4。

表 2.2.4　推送规律

影响因素	第一次推送规律
越热门的时间	越容易被推荐
用户需求量越大	越容易被推荐
越是原创	越容易被推荐
用户搜索越多	越容易被推荐

二次推荐则根据评论、分享与收藏量等指数。当这些指数越高，表示文章越受用户欢迎，被二次甚至三次推荐的可能性越大。

试一试

手机下载并安装今日头条App，使用微信登录，尝试发布一篇图文微头条，用数据说明这篇文章的受欢迎程度。

活动评价

通过活动，小萍对头条号的基本概念有了一定的认识，也认识了头条号的基本功能和文章推送机制。小萍认为，新媒体运营，头条号必不可少。

活动3　熟悉其他自媒体平台

活动背景

表哥告诉小萍，自媒体平台有很多，不可能一一去认识。小萍打算先了解快报企鹅号、畅读百家号等几个常用的自媒体平台。为清晰明了地认识这些平台，了解彼此之间的差异，小萍采取表格和思维导图的方式来展开学习。

知识窗

1. 常见的自媒体平台

自媒体平台多种多样,每个平台都有各自的特点,通过在自媒体平台发布文章可以有不少展示量。如果文章好,被平台大力推进,1 天 10 万 + 阅读量都是很容易的事情。读者最常见的自媒体平台有微信公众号、今天头条、一点资讯、百家号、搜狐自媒体等。

2. 思维导图

思维导图又称脑图、心智地图、脑力激荡图、灵感触发图、概念地图、树状图、树枝图或思维地图,是一种图像式思维的工具以及一种利用图像式思考辅助工具,参考如图 2.2.8 所示。

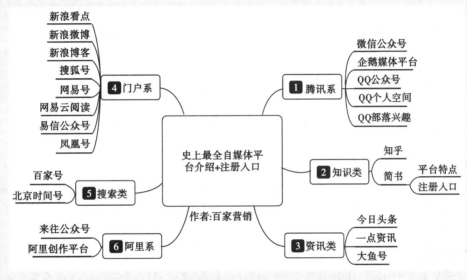

图 2.2.8   思维导图示例

活动实施

小萍根据之前的学习经历,她制作了包括自媒体平台、LOGO、功能与特点的表格,请你通过表格的填写来认识其他自媒体,请完成表 2.2.5。

表 2.2.5   其他自媒体平台的功能与特点

自媒体平台	LOGO	功能与特点
虎嗅网	虎嗅 HUXIU.COM	
大鱼号	大鱼号	

续表

自媒体平台	LOGO	功能与特点
百家号		
企鹅号		
简书		

活动评价

通过本活动,小萍对虎嗅网、大鱼号、百家号等自媒体平台有了初步的认识。自媒体有很广阔的发展空间,小萍备受鼓舞,她认为作为电子商务实习生,深入学习新媒体并学以致用很有必要。

合作实训

4～6人为一个小组,从咨询门户、音频媒体、视频媒体、社交媒体、电商平台等几个方面总结列举,利用思维导图画出自媒体平台图谱。

任务3　使用新媒体电商平台

情境设计

小萍参加部门实习生汇报大会,会上分享了实习期间淘宝网线上成绩单,并提出线上店铺优化促销计划。这时候,王经理提问:小萍,你在淘宝网线上的成绩大家都是有目共睹的,可移动端呢?在新媒体环境下,电商行业飞速发展,销售额逐年增长,预计到2020年我国电子商务交易额达40万亿元;电商模式也在不断完善和升级,目前正迈入电商3.0时代。所谓的电商3.0时代(即利润分享时代)就是在强调"线上＋线下＋物流"基础上融合"分享经济"理念,即让消费者参与商品流通和利润分享,也使消费者获得参与体验和收益满足感。小萍在学校学习的电子商务是以PC机为主要界面,是"有线的电子商务",而移动电子商务又是什么?

任务分解

小萍通过检索了解到,移动电子商务就是利用手机、PDA 等无线设备进行 B2B 或 B2C 的电子商务;在众多知名的移动电商企业中,主流电子商务企业有淘宝、京东、苏宁易购、唯品会、有赞和微商等。小萍挑选移动淘宝、有赞和微商平台作为重点规划,并向部门经理介绍自己的工作计划,开始了学习之旅。

活动1   使用移动端淘宝

活动背景

此前,小萍已经非常熟悉淘宝网 PC 端,并且知道 2017 年"双十一"天猫平台成交额达 1682 亿元,移动端占比 90%,可见移动端重要性也越来越明显,熟悉淘宝移动端的操作和内容编辑思路,对于她的职业成长非常有帮助。

> **知识窗**
>
> 移动端淘宝可分为手机淘宝主客户端和淘宝网触屏版。手机淘宝主客户端就是淘宝网的 App 客户端,手机淘宝触屏版就是移动设备在除 App 以外的网页、插件等地方登录的淘宝网站的统称,如图 2.3.1 所示。
>
>
> 图2.3.1   手机淘宝
>
> 手机淘宝依托自身优势,整合旗下聚划算、天猫商城、淘宝网于一体。手机淘宝为用户提供更方便快捷流畅、随时随地进行移动购物的完美体验;更具有搜索、比价、物流订单查询、安全支付宝支付、收藏评价、我的动态、导航、打折促销、手机专享、购物车合并付款等功能,体验高于浏览器访问网页。

活动实施

小萍通过浏览器进入淘宝网并下载手机淘宝 App,通过以下步骤顺利完成手机淘宝基本操作。

第1步:认识移动端淘宝(手机淘宝)。

(1)打开计算机中的浏览器,输入淘宝网网址,进入淘宝网主页,如图 2.3.2 所示。

(2)手机扫描淘宝网主页右上角的二维码,如图 2.3.3 所示;进入手机淘宝页面点击下载手机淘宝,如图 2.3.4 所示。

(3)安装完成后,在手机桌面点击手机淘宝 App,进入手机淘宝页面,如图 2.3.5 所示。手机淘宝 App 有扫一扫、关键字搜索、消息查询、购物车、物流查询等功能。

第2步:注册淘宝账号。

打开首页(见图 2.3.5),点击"我的淘宝",第一次使用时需要登录自己的淘宝账号,若没有账号,可以注册账号。

(1)账号登录。

在"账户"和"登录密码"栏输入自己的账号和密码,再点击"登录"按钮。

图 2.3.2　淘宝网主页

图 2.3.3　手机淘宝二维码(示样)

图 2.3.4　手机淘宝页面

图 2.3.5 手机淘宝 App 界面

图 2.3.6 登录界面

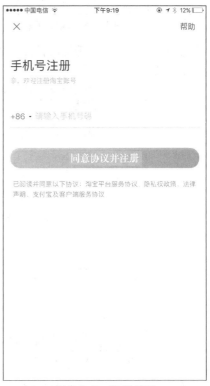

图 2.3.7 注册界面

（2）账号注册。

如果没有淘宝账号，则需要注册一个，点击图2.3.6的"注册"，用户可以使用自己的手机号进行注册。在图2.3.7的注册页面输入手机号码，点击"获取验证码"按钮，输入验证码，点击"同意协议并注册"按钮，完成账号注册。

第3步：使用淘宝账号购物。

注册完成，就可以登录手机淘宝购物。

（1）在首页输入"宝贝"的关键字，如图2.3.8所示，点击"搜索"。

图2.3.8　淘宝搜索

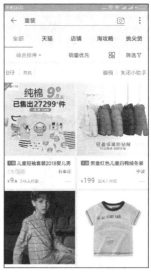

图2.3.9　淘宝搜索结果

（2）搜索出如图2.3.9所示的页面，并选择喜欢的商品，点击图片进入产品详细页面，如图2.3.10所示。

图2.3.10　宝贝详情页

图2.3.11　购买页面

（3）购买之前，仔细查看商品价格、评价、商品详情。若想要购买，可点击"加入购物车"

或"立即购买"。购买之前要进入如图 2.3.11 所示页面,选择好商品的参考身高、颜色等。

　　(4)点击"立即购买",进入"确认订单"页面(见图 2.3.12),购买之前要认真确认购买商品的信息,同时要确认自己的收货地址和电话等内容。第一次使用手机淘宝购物,需要新建一个收货地址(见图 2.3.13),注意一定要写清楚收货姓名、手机号码、地址等相关信息,如果填写错误就可能收不到所购买的商品。

图 2.3.12　提交订单

图 2.3.13　添加地址

　　(5)在"确认订单"界面(见图 2.3.14)确认信息无误后,点击"确认"按钮,进入付款页面。用户可以使用绑定的支付宝进行支付,付款成功后,可在主页"我的淘宝"的"待发货"栏(见图 2.3.15)中查看对应商品。

图 2.3.14　确认订单

图 2.3.15　我的订单

　　(6)卖家发货后,可进入"待收货"中查看商品,如图 2.3.16 所示;而当收到购买商品后,可在"待收货"中点击"确认收货"。

图 2.3.16　订单列表

图 2.3.17　发表评价

（7）确认收货后，对商品进行评价，可以增加自己的信用值，如图 2.3.17 所示。

试一试

分组讨论，分析淘宝店铺的 PC 端和移动端有哪些区别。

活动评价

通过这个活动，实习生小萍熟悉了手机淘宝的基本操作，了解了手机淘宝 App 的安装、用户登录、注册和购物的基本方法。

活动2　使用微店

活动背景

随着微信购物的兴起，小萍在微信的朋友圈经常看到一些做微商的朋友分享的网络店铺，除了淘宝外，还有微店。微店的"微"是指无须资金、成本、货源、物流和服务，只需要利用碎片时间和个人社交圈就可进行营销推广赚佣金，同时也可以自主开店，小萍决定下载微店App，开通微店。

知识窗

微店是由北京口袋时尚科技有限公司开发的应用程序，如图 2.3.18 所示。它致力于帮助卖家使用手机完成网店的开设，其运营模式主要是利用个人交际圈进行推广销售的电商平台。微店老板（供货商）只要在产品价格上设置合理的推广佣金，并定义好产品图片、属性、价格等信息，发布到微店云端产品库，让无数的微店主来帮助卖家推销产品。

图 2.3.18　微店

微店可以节省运营成本，提高销量，于是小萍跟客户沟通之后，准备为客户开设微店，她制订的微店营销推广方案，得到了客户的赞许。

活动实施

小萍下载微店 App,通过以下步骤完成微店的开设。

(1)通过手机应用或在微店网页扫描二维码下载微店 App,并安装,如图 2.3.19 所示;安装完成后,点击打开微店,选择注册或者用微信登录,如图 2.3.20 所示。

图 2.3.19　安装微店 App

图 2.3.20　打开微店 App

(2)点击"注册"按钮进入注册页面,填写自己的手机号码,并勾选"已阅读并同意《微店平台服务协议》和《微店禁售商品管理规范》"复选框;点击"下一步"按钮,如图 2.3.21 所示;系统会发送验证码到你的手机,在"设置页面"填写手机验证码和设置密码,点击"注册"按钮,如图 2.3.22 所示。

图 2.3.21　注册微店　　　　　图 2.3.22　设置密码

(3)进入"创建店铺"页面,输入店铺名称、店铺图标,点击"完成"按钮,完成创建店铺,如图 2.3.23 所示。

（4）登录微店之后，就可以对自己的微店进行管理，如出售物品、收款、绑定银行卡提现等。

图2.3.23　创建店铺

图2.3.24　微店设置

图2.3.25　微店管理

（5）新用户注册后，要进行实名认证，这样才能提现，点击图2.3.24下方"待办事项"，进入"待办事项"页面，然后点击"去认证"按钮，进入"实名认证"页面，如图2.3.25和图2.3.26所示；按要求填好个人的姓名、身份证、银行卡信息，点击"实名认证并绑卡"按钮，完成实名认证，如图2.3.27所示。

图2.3.26　实名认证

图2.3.27　填写实名认证信息

（6）在微店首页（见图2.3.25）点击"商品"按钮，在图2.3.28所示页面点击"快速添加商品"项，进入"添加商品"页面，依次输入商品信息，如图2.3.29和图2.3.30所示；完成后可以预览商品信息，发现错误可编辑修改。

图2.3.28 添加商品

图2.3.29 输入商品信息

图2.3.30 成功添加商品

（7）在"微店"里，可以多次添加多个商品，完成货品上架，注册的微店就开张了，如图2.3.31所示。这时可以进行推广、宣传到朋友圈、空间、微博等社交媒体。

微信分享后产品链接会出现在微信账号的朋友圈，朋友可分享推广，如图2.3.32和图2.3.33所示。

图2.3.31 商品预览

图2.3.32 分享商品

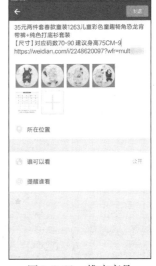

图2.3.33 推广商品

试一试

检索有关资料，分析微信小店和微店有什么区别？

活动评价

通过这个活动，小萍学会了微店的注册、实名认证并绑卡、快速添加商品和商品分享推广的操作。接下来，小萍可以根据客户提供的商品，进行上架操作。

活动3　使用有赞商城

活动背景

小萍深入了解有赞微商城,发现其模块化操作便捷,维护简单,可提高经营效率,于是她尝试在有赞微商城开店,并向客户展示前期装修好的店铺。客户对装修效果满意,并决定将这个月新品促销任务交给小萍。

> #### 知识窗
>
> 有赞,曾用名:口袋通,是一个移动零售服务商,如图2.3.34所示。通过产品和服务,它帮助互联网时代的生意人管店、管货、管客、管钱;在网上获取订单,让生意更好做。
>
>
>
> 图2.3.34　有赞
>
> 有赞微商城是一个提供免费的微商城和完整的微电商解决方案的平台,让你的店铺有更忠诚的粉丝和拥有更高的覆盖率,交易额不断上涨。
>
> 那么有赞微商城是怎样帮商家服务的呢?注册有赞,就能快速拥有属于自己的免费微商城,有海量店铺的模板、丰富的自定义页面,快速生成你想要的店铺形式。无缝对接微信、微博以及其他社交平台,让你的粉丝立即成为潜在顾客,实施服务、互动、成交三步策略,营销机会倍增,有赞微商城拥有业内最有趣和最强大的商务微平台。

活动实施

小萍在手机上安装有赞微商城,通过以下步骤顺利完成有赞微商城的搭建。

第1步:注册账户。在手机端打开"有赞微商城App",点击"免费注册"按钮,接着输入手机号、验证码、登录密码和昵称,点击"完成注册"按钮,完成有赞微商城的用户注册,如图2.3.35～图2.3.38所示。

图2.3.35　打开有赞

图2.3.36　输入手机号码

图 2.3.37　输入验证码

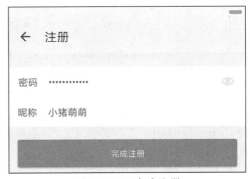

图 2.3.38　完成注册

第 2 步:创建店铺,选择模块。登录有赞微商城首页,点击"立即创建店铺"按钮,进入"创建店铺"界面,填好店铺信息,点击"创建店铺"按钮,完成店铺的创建;接着选择一个合适的模块,预览模块效果,点击"启用此模块"按钮,启用模块,如图 2.3.39 ~ 图 2.3.42 所示。

图 2.3.39　创建店铺

图 2.3.40　填写店铺信息

图 2.3.41　选择模板

图 2.3.42　预览模板

第 3 步:发布商品。进入店家主页,点击如图 2.3.43 所示"添加商品"选项,在"新增商品"页面,添加细节图,填写商品类型、运费、价格、库存和商品描述等商品信息,然后点击"上架出售",发布商品,如图 2.3.44 所示。

图 2.3.43　添加商品

图 2.3.44　新增商品

图 2.3.45　添加成功

第 4 步:微信扫码,自己尝试购买。点击图 2.3.45 中的"商品二维码"栏,查看商品二维码(见图 2.3.46),然后微信扫描二维码,查看商品页面(见图 2.3.47)。接着尝试购买,点击"立即购买"按钮,在"待付款的订单"页面(见图 2.3.48)填写和校对信息,点击"提交订单"按钮,再进行微信/储蓄卡/信用卡支付成功,完成购买(见图 2.3.49)。

图 2.3.46　商品二维码

图 2.3.47　查看商品页面

图 2.3.48　订单　　　　　　　　　　图 2.3.49　支付

　　第 5 步:分享商品到朋友圈,微信群尝试推广。点击图 2.3.50 中的"微信朋友圈"项,可选择"多图分享""单图分享"和"卡片链接分享"方式分享到朋友圈,如图 2.3.51 所示。除此之外,还可以分享到微信、微博、QQ、QQ 空间等社交平台。

图2.3.50　成功添加

图2.3.51　分享商品到朋友圈

第6步:微页面装修,搭建店铺主页。在店铺首页(见图2.3.52),点击"店铺管理"项,进入店铺管理界面(见图2.3.53),点击"店铺装修"栏,进入店铺装修界面(见图2.3.54),在这里,用户店主可以选择适合自己的模板,装修自己的店铺。

图2.3.52　店铺首页

图2.3.53　店铺管理

图2.3.54　店铺装修

试一试

查阅资料,分析微店和有赞微商城在电商模式上有哪些区别?

活动评价

通过这个活动,小萍快速地完成了有赞微商城的微店开设操作。有赞微商城的功能多样,初学者只要多花点时间耐心学习,很快也可以轻松操作有赞微商城,搭建属于自己的微商城。

合作实训

4 人为一个小组,团队合作,通过查找网页或者安装 App 了解相关信息,完成以下问题和实训。

(1)除了微店、有赞微商城,还有哪些移动端的电商平台? 请简要说明。

(2)分工完成微店、有赞微商城的网络店铺开通,上传商品,完成基本操作。

任务 4　熟悉新媒体视频平台

情境设计

小萍在一次同行交流会上,发现大家都通过视频平台展销商品,且销量不错,于是她计划筹备自己的展销视频平台。小萍的计划很快就传到王经理处,王经理将她叫到办公室,详细了解她筹备的展销视频平台方案,并对她说:"小萍,你的想法不错,我们部门为了适应新媒体电商营销趋势,决定筹建视频编辑组,安排你协助视频编辑组成员完成前期工作,希望你能深入了解主流的视频平台,将视频展销的方式引入到我们营销模式中,提高商品的销量。"

任务分解

对于视频平台,小萍并不陌生,但对于主流的商品热销视频平台却一无所知。于是她找到视频编辑组的林工,林工向她介绍了时下最流行的短视频和直播平台两款主流的视频平台。通过实践,她学会了几款热门的视频平台的操作方法,并协助视频编辑组的同事做好小组的筹建工作,受到了王经理的表扬。

活动 1　熟悉短视频平台

活动背景

小萍深知短视频已逐渐占领了传播领域,并有更广泛的市场。于是小萍开始收集各类短视频平台的资料,决定调整现在的营销模式,利用短视频进行产品展销,提高产品的曝光率,扩大品牌影响力,提高商品销量。

知识窗

艾瑞咨询发布《2017 年中国短视频行业研究报告》显示,短视频行业近年来快速发展,随着移动终端普及和网络的提速,短视频传播领域规模的进一步扩张,各类短视频平台层出不穷,多渠道收益分成,低门槛的创业,给短视频内容创业团队带来了良好的商机。

短视频平台收录了各种可在新媒体上播放、适合移动状态和短时休闲下观看的、高频推送的短视频内容,这些视频传播内容时长一般在 5 分钟以内,内容融合了技能分享、幽默搞怪、时尚潮流、社会热点、街头采访、公益教育、广告创意、商业定制等主题。由于内容较短,可以单独成片,也可以成为系列栏目,具有生产流程简单、制作门槛低、参与性强等特点。

活动实施

小萍整理好网上有关短视频平台的资料,并根据短视频内容的不同,将短视频平台分为以下几类。

第1步:浏览资讯类短视频平台,百家号、一点资讯、今日头条、企鹅媒体平台等媒体平台现在也可上传视频,并且现在上传短视频时可以获得更高的推广权重,常见的资讯类短视频如图2.4.1所示。

图2.4.1 资讯类短视频平台

第2步:浏览在线视频平台,如爱奇艺、乐视网、优酷土豆、乐视网、爆米花视频、腾讯视频等。这些视频的主要收益方式是依靠平台分配和自行接取广告获得收益,比较典型的平台有以下几个。

(1)大鱼号(见图2.4.2)。

大鱼号是最近很火的一个视频平台,它是阿里大文娱旗下内容创作平台,为内容生产者提供"一点接入,多点分发,多重收益"的整合服务。

(2)搜狐视频。

搜狐视频是一个量很高的在线视频渠道,它主要的收益方式为平台分成、广告收益、分享赚钱和打赏收益。

图2.4.2 大鱼号

(3)哔哩哔哩(bilibili)。

bilibili是国内知名的视频弹幕平台,它跟美拍相似。虽然是视频平台,但是还是可以在平台中聚集很多粉丝。

第3步:浏览器短视频平台,比较典型的有快手、抖音等。

(1)快手(见图2.4.3)。

图2.4.3 快手

图2.4.4 抖音

快手的前身,又称"GIF 快手",诞生于 2011 年 3 月,最初是一款用来制作、分享 GIF 动态图片的手机应用。2012 年 11 月,快手从纯粹的工具应用转型为短视频社区,用于用户记录和分享生产、生活的平台。

(2)抖音(见图 2.4.4)。

抖音实质上是一个专注年轻人的 15 秒音乐短视频社区,用户可以选择歌曲,配以短视频,形成自己的作品。它与小咖秀类似,但不同的是,抖音用户可以通过视频拍摄快慢、视频编辑、特效(反复、闪一下、慢镜头)等技术让视频更具创造性,而不是简单地对嘴形。

(3)美拍。

美拍是美图秀秀出品的最潮短视频社区,通过各种 MV 特效对普通视频进行包装,呈现出不同的"大片"效果。

(4)秒拍。

秒拍是搭载于微博的一个内容视频分享平台,注重垂直内容,主要以明星、时事、网红直播为主,拥有独特的技术优势。

第 4 步:浏览社交媒体视频平台,除了微博,还有很多社交媒体平台都可以上传视频,如微信公众号、AcFun、百度视频、凤凰自媒体、QQ 公众平台等。

试一试

讨论同学们手机上安装了哪些短视频软件,他们有哪些特点,请选择一款短视频软件,制作 PPT 向同学们作简要的功能说明和推介宣讲。

活动评价

通过这个活动,小萍了解了 4 类短视频平台的发展状况,认识到主流短视频平台的运营模式和平台收益方法。

活动 2 熟悉直播平台

活动背景

小萍经过市场调研,决定开通手机淘宝直播,将产品放在直播平台上展销,吸引更多的粉丝关注,提高转化率。

知识窗

直播平台有哪些分类?

1.综合类直播平台

综合类直播平台通常包含较多的直播类目,进入平台后可选择的余地较多,包括游戏直播、户外直播、校园直播、秀场直播等。目前属于综合类直播平台的有一直播、映客、花椒直播、QQ 空间等。

2.游戏类直播平台

游戏类直播平台主要是针对游戏的实时直播平台。目前属于游戏类直播平台的有斗鱼、虎牙、龙珠等。

3. 秀场类直播平台

秀场类直播平台是主播展示自我才艺的最佳形式,观众在秀场直播平台浏览不同的直播间,类似于走入不同的演唱会或才艺表演现场。目前属于秀场类直播平台的有六间房、YY、新浪秀场、腾讯视频等。

4. 商务类直播平台

商务类直播平台分为两大类,即常规商务直播和电子商务直播。其中,脉脉、微吼等属于常规商务直播平台,而京东、天猫等直播平台属于电子商务直播平台。

5. 教育类直播平台

教育类直播平台其网易云课堂、沪江 cctalk 等平台直接都是在原有在线教育平台的基础上增加直播功能;而千聊、荔枝微课等平台则属于独立开发的教育直播平台。

活动实施

小萍在手机上登录淘宝账户,通过以下步骤顺利在手机淘宝开通直播。

(1)打开手机淘宝 App,接着在屏幕中间位置向上拉动就可以看到淘宝直播一栏,如图 2.4.5 所示,然后点击进入淘宝直播页面,如图 2.4.6 所示。

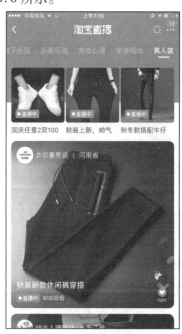

图 2.4.5   淘宝直播   图 2.4.6   直播网红

(2)点击淘宝直播页面右上角下拉菜单的"主播入驻平台",如图 2.4.7 所示。点击图 2.4.8 中的"我要认证"按钮进行认证页面,再点击"马上开始"按钮,按提示完成人脸识别,如图 2.4.9 所示。

图 2.4.7　主播入驻

图 2.4.8　主播认证

（3）进入"主播入驻"（见图 2.4.10）页面，填好基本信息、绑定微博，添加相片，上传生活视频，注：能够展示你的真实视频，有利于审核通过。接着点击图 2.4.11 页面的"提交申请"按钮。

请 *永良 本人操作，点击按钮开始

马上开始

图 2.4.9　人脸识别

图 2.4.10　填写主播信息

（4）主播申请提交成功（见图 2.4.12），等待审核通过就可以直播了。

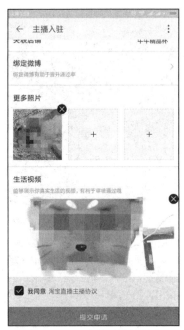

图 2.4.11   添加生活视频

图 2.4.12   等待审核

试一试

讨论同学们手机上安装了哪些直播软件,它们有哪些特点,请选择一款直播软件,制作 PPT 向同学们作简要的功能说明和推介宣讲。

活动评价

通过这个活动,小萍成功提交了手机淘宝直播主播入驻申请,等待审核通过就可以直播了。通过主播入驻申请活动,小萍了解了手机淘宝直播平台的运营模式和宣传效应,只要你有一定数量的粉丝就可以申请入驻,且平台针对电商转化收入相当可观。

合作实训

4 人为一个小组,分工合作,完成以下任务:

(1)以快手为例,制作短视频,并分享到朋友圈传播。

(2)以映客为例,开通一次直播,并分享直播内容到朋友圈。

(3)制作 PPT,分享短视频和直播平台的感受和体会。

项目总结

在众多的新媒体平台中,首推以微博和微信为代表的移动社交平台,因为它们的黏性最高,用户群最广,互动性更高。自媒体平台的发展,源于付费经济和内容创业时代的到来,打造爆款文章,生产阅读量上万的文章,一度成为新媒体的主力军。在电子商务领域,移动端的交易额也远远超过 PC 端,移动电商平台的内容编辑和运营也越来越得到商家的重视。以网红经济、IP 时代为主打的个体网络经济崛起,直播和短视频成为打造个人网红新阵地,有粉丝必有粉丝经济,高质量、高水平的视频内容随着 4G 和 5G 时代的到来,正在新媒体领域攻城略地,以抖音为代表,仅用 1 年时间就火遍全中国,家喻户晓。

项目检测

1. 单项选择题

(1)世界上最著名的微博平台是美国的(   )。

    A. Facebook   B. Twitter   C. YouTube   D. Google

(2)微博大V包含两种颜色认证,一般的机构认证的是(   )。

    A. 橙色认证用户   B. 蓝色认证用户

    C. 黄色认证用户   D. 红色认证用户

(3)以下小程序是哪一个产品的功能?(   )

    A. 微博   B. 微信   C. 微商   D. 淘宝

(4)运营模式主要是利用个人交际圈进行推广销售的电商平台是(   )。

    A. 微店   B. 微商   C. 微信   D. 有赞

(5)国内知名的视频弹幕平台是(   )。

    A. 抖音   B. 快手   C. bilibili   D. 内涵段子

2. 多项选择题

(1)微博大V需要同时满足的两个条件是(   )。

    A. 实名微博

    B. 实名注册并通过认证的微博

    C. 活跃着众多粉丝,通常粉丝数目超过100万

    D. 活跃着众多粉丝,通常粉丝数目超过50万

(2)微信的功能有哪些?(   )

    A. 朋友圈   B. 微信群   C. 附近的人   D. 微信支付

(3)今日头条产品旗下有哪些产品?(   )

    A. 抖音   B. 头条号   C. 火山小视频   D. 悟空问答

(4)微信公众号的类型包括(   )。

    A. 订阅号   B. 服务号   C. 小程序   D. 企业号

(5)游戏类直播平台主要有(   )。

    A. 虎牙直播   B. 斗鱼直播   C. 龙珠直播   D. 花椒直播

3. 判断题

(1)微信最大特点是传播速度快,具有时效性。   (   )

(2)电商推荐量是社交电商平台之最的是Facebook平台。   (   )

(3)微信公众平台订阅号使用对象是媒体和个人,每天可推送1条信息。   (   )

(4)网红,网络红人的简称。在中国一度是个贬义词。但是,要成为一个名副其实的网络红人,单单在社交平台上拥有大量粉丝是不够的,还要有一间商品热销的淘宝店铺。

                                               (   )

(5)手机淘宝主客户端就是淘宝网的App客户端,手机淘宝触屏版就是移动设备在除App以外的网页、插件等地方登录的淘宝网站的统称。   (   )

4. 简述题

(1)新媒体平台有哪些? 作为新媒体从业人员,如何正确地选择平台?

(2)在知识经济时代,自媒体人变现的途径有哪些?

项目 3　熟悉新媒体编辑工具

项目综述

　　新媒体相对还是一个新的产物,大多数从业者并非技术类学科出身,而新媒体编辑人员的日常工作包括能够进行热点内容挖掘、素材和资讯的收集与整理,文字、图片、视频、页面的制作处理等,需要一个多面手和复合型人才。因此,新媒体内容编辑人员必须掌握常用的编辑工具。

　　小萍是一名中职电子商务专业的实习生,她除了掌握基本的 Office 办公软件之外,对其他工具还不太了解,负责新媒体内容编辑的王经理告诉她,在工作中遇到不会的技术专业问题,要学会搜索寻找答案,养成让工具帮助我们工作的思维方式。

项目目标

　　通过本项目的学习,应达成的具体目标如下:

　　知识目标

➤ 掌握二维码的概念与在线制作;

➤ 掌握新媒体文案的特点与写作;

➤ 了解新媒体素材搜索网站;

➤ 掌握新媒体图片和视频的制作;

➤ 了解 H5 页面基础知识。

　　能力目标

➤ 能利用草料二维码生成器制作和美化二维码;

➢ 能用搜狗微信、微博热搜、百度排行榜等挖掘热门话题；

➢ 能够撰写吸引人的新媒体标题和内容；

➢ 能够利用工具完成新媒体图片、视频的制作；

➢ 能够利用在线网站制作 H5 交互页面。

情感目标

➢ 建立善用工具提高工作效率的思维；

➢ 树立从事新媒体编辑工作的信心。

项目任务

任务 1　制作二维码

任务 2　撰写新媒体文案

任务 3　处理新媒体图片

任务 4　剪辑新媒体视频

任务 5　制作新媒体 H5 页面

任务 1　制作二维码

情境设计

　　小萍来到新媒体编辑部门实习，正准备上网搜索有哪些新媒体内容编辑工具，准备自学。这时候，工作 QQ 开始闪烁，客户发来一段话：你好！上次贵公司为我们商场设计的促销宣传活动页面，我们转发链接到客户群，他们参与的积极性很高，我们商场决定，将这个活动制作成易拉宝放置在超市门口，让更多的人参与。但发现一个问题，之前的活动页面是一个网址，用户非常不方便用手机访问，你们能换成二维码吗？小萍第一次接到把网址换成二维码的任务，有点犯难，虽然她知道，用手机扫描二维码可以访问网址，但并没有制作过二维码。

任务分解

　　小萍想起了王经理的"工具思维"。她上网搜索发现草料二维码可以生成和制作二维码，通过尝试，她不仅圆满完成客户提出的二维码任务，还对二维码进行美化，受到客户的赞许。

活动 1　生成二维码

活动背景

　　小萍通过百度检索了解到，二维码应用场景非常广，在我们的生活中已经屡见不鲜了。可以说二维码是打通 O2O 最后一公里的电子凭证，二维码商业化已经成为一种趋势。但二维码的制作并不复杂,可以直接生成,其中草料二维码是国内专业的二维码在线服务平台,草料二维码生码量占全国总生码量的80%以上。以下二维码均为示样。

知识窗

二维码也称二维条码或二维条形码,如图3.1.1所示,是用某种特定的几何图形按一定规律在平面分布的黑白相间的图形记录数据符号信息的,是一组识别商家、企业及个人身份的几何图形。它具有信息容量大、纠错能力强、识别能力高、使用方便快捷以及唯一性等特点,是商家、企业及消费者产生无缝连接的最佳信息桥梁。它不受任何时空限制,是随时随地都能让商企与消费者之间产生真实互动交流的公共平台。

图3.1.1　二维码几何图形(示样)

活动实施

小萍通过百度找到了草料二维码制作网站,通过以下步骤顺利完成网址二维码的制作。

(1)打开计算机中的浏览器,输入草料网网址,进入草料网主页,如图3.1.2所示。

图3.1.2　草料二维码网站首页

(2)进入草料网站主页后,网站主页默认为是文本信息的二维码制作,用户可以单击"网址"按钮,切换到网址二维制作界面,如图3.1.3所示。

(3)在文本框内输入需要链接的网站网址,然后单击下方的"生成二维码"按钮,如图3.1.4所示。稍等几秒钟,就能在右边的二维码生成框内看到含有网站网址信息的二维码图片,单击"下载"按钮,就能下载到网址二维码的PNG图片,如图3.1.5所示。

小萍在完成网址二维码制作之后,还用手机账号注册了该网站,使用草料二维码制作了包含文本、名片、文件、图片等不同内容的二维码,对二维码进行重新认识。小萍尝试的步骤如下:

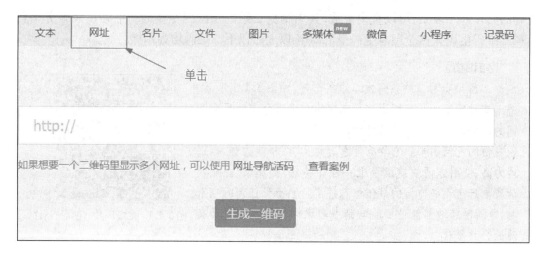

图 3.1.3　单击"网址"按钮

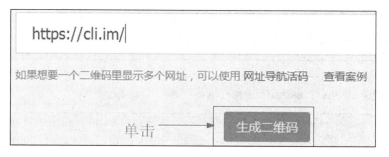

图 3.1.4　单击"生成二维码"

图 3.1.5　单击"下载",下载二维码 PNG 图片

（1）文本。输入一段文字,生成二维码,扫描二维码可以显示该文字的内容,如图 3.1.6 所示。

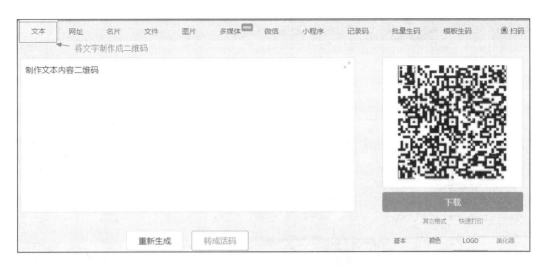

图 3.1.6　生成文本内容二维码

（2）名片。选择"单张名片"制作方式，输入个人的基本信息，单击底部的"生成二维码"，如图 3.1.7 所示。

图 3.1.7　编辑名片基本信息生成名片二维码

（3）文件。首先上传文件，它支持常见的 doc、pdf、ppt 等格式，然后添加文件的描述，最后单击"生成活码"按钮，如图 3.1.8 所示。

（4）图片。首先上传图片，然后添加图片描述，单击"生成活码"按钮，如图 3.1.9 所示。

图 3.1.8　添加文档生成文件活码

图 3.1.9　生成图片二维码

试一试

你能根据草料二维码制作视频的二维码吗?

活动评价

通过这个活动,实习生小萍进一步提高了对二维码的认识,也知道通过在线网站可以轻松制作文本、网址、名片等多种形态的二维码。

活动 2　美化二维码

活动背景

　　黑色的二维码缺少美观性,而彩色二维码是一种特殊的二维码,它既具有普通黑白二维码的所有功能,又能呈现出彩色的外观。小萍跟客户沟通之后,决心为客户进行二维码的美化,吸引更多人扫描参与。她美化后的二维码让客户眼前一亮,"00 后"创新的想法也得到了王经理的认可。

> **知识窗**
>
> 　　彩色二维码虽然简洁美观,但要注意以下两点:
>
> 　　①前景色必须为深色,背景色必须为浅色,否则会影响扫码软件的读取。
>
> 　　②定位点的颜色与其他方块的颜色尽量类似,不宜反差过大,影响识别。
>
> 　　把二维码制作成彩色的,在一定程度上增加扫码率,同样的,二维码不仅颜色可以变,形状也可以变,根据不同形状和背景,可以设置成富有创意的个性化二维码。比如有的蛋糕店将二维码融入到蛋糕当中,收到蛋糕的人只需要拿出手机扫一扫,蛋糕就会表达情感,成为"会说话"的蛋糕。还有"石榴集团"微信公众号,它的二维码不仅具有 3D 的效果,还具有动态的效果,如图 3.1.10 所示。

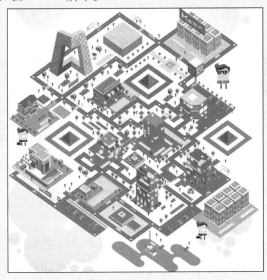

图 3.1.10　具有动态效果的 3D 二维码

活动实施

　　小萍用账号登录草料二维码制作网站,通过以下步骤顺利完成二维码的美化工作。

　　(1)在生成的草料二维码的下面,完成二维码的信息设置,包括基本信息,比如容错、大小和码制等;颜色,比如前景色、背景色、透明背景等,上传 LOGO 等,如图 3.1.11 所示。

　　(2)启动"快速美化器",第一步先选择系统预设效果,包括黑白样式、简约样式和经典样式 3 种类型,如图 3.1.12 所示。

（3）设置图标和文字。图标建议上传图片，一般为企业的 LOGO，文案为二维码名称或者活动宣传语，如图 3.1.13 所示。

（4）局部微调。可以设置二维码颜色、背景色、码眼样式和颜色等，如图 3.1.14 所示。

（5）单击"完成"按钮，二维码美化成功，可以选择不同格式和尺寸进行下载，如图 3.1.15 所示。

小萍了解到如果想进行二维码美化的更多设置，"快速美化器"还不够，还必须切换到"高级美化器"，完成更多设置，让我们的二维码在众多二维码中显得突出，增强吸引力。高级美化器包括基本设置、模板选择、嵌入美化和码眼美化，如图 3.1.16 所示。

图 3.1.11　二维码美化基础设置

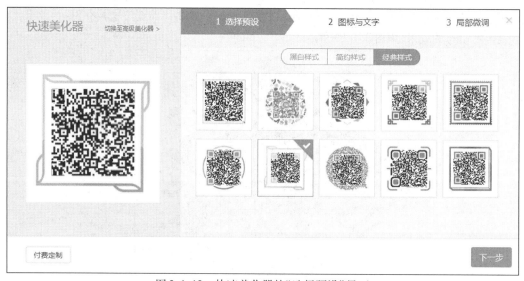

图 3.1.12　快速美化器的"选择预设"界面

通过搜索，小萍了解到除了草料二维码，还有其他的网站也可以进行创意二维码的制作。比如"死磕艺术二维码"的第九工厂，可以选择模板，上传黑白二维码，生成各种形式的艺术二维码，如图 3.1.17 所示，用第九工厂生成的摇钱树风格的手机锁屏二维码。

图 3.1.13　快速美化器的"图标与文字"界面

图 3.1.14　快速美化器的"局部微调"界面

图 3.1.15　二维码美化成功

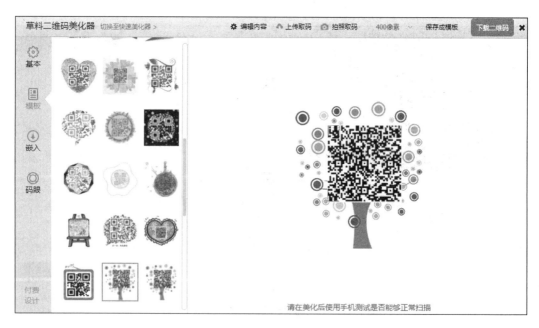

图 3.1.16　高级美化器设置界面

图 3.1.17 用第九工厂模板制作艺术二维码

活动评价

通过这个活动,小萍认识到二维码不仅有黑白单调的,还有彩色的、立体的、动态的。通过草料二维码网站、第九工厂网站等工具,普通人也可以制作出漂亮的、具有创意的二维码。

合作实训

4 人为一个小组,分工合作,利用草料二维码、第九工厂等平台,小组完成不同类型的二维码制作和美化,包括文字二维码、图文二维码、名片二维码等。每组内的二维码美化效果不一样,然后向同学们展示二维码效果。

任务 2 撰写新媒体文案

情境设计

文案(Copywriter)是广告的一种表现形式,如今大多是一种职业的称呼。文案的最佳角色定位是"文案写手,就是坐在键盘后面的销售人员"。小萍在校期间曾经担任班级宣传委员,语文成绩一直不错,曾参与一些校园活动文案的撰写,有一定的文笔功底。前不久给企业客户撰写的营销活动文案,虽然小萍自我感觉良好,但结果反馈较差,客户的满意度不高,初入职场的小萍犯难了,如何写好具有影响力的新媒体文案成为摆在她面前的关键问题。

任务分解

小萍请教王经理,王经理说:新媒体文案写作,不仅需要掌握新媒体渠道文案的写作与投放,还要学会热点事件跟进,具有创意性的思维、了解客户等,更需要长时间的积累,慢慢琢磨,才能打磨出"令人尖叫"的文案。于是,小萍决定好好学习新媒体文案的相关知识。她从选题出发,打造有吸引力的标题,然后设计优质内容。

活动 1　寻找选题

活动背景

小萍知道,如今,各大平台对好文章的转载非常频繁,一方面使优秀的文章更加火热,另一方面也会让用户产生审美疲劳,到底该怎样选题呢? 王经理告诉她:一篇好的文章,特别是阅读量超 10 万次的文章的背后,都包含一系列的准备工作,包括目标人群分析、竞争对手分析、自我分析,然后结合热点话题来做好准备工作,平时也要注重素材的积累。

> ### 知识窗
>
> 1. 新媒体文案的概念和特点
>
> 新媒体文案是基于新媒体而重点输出广告的内容和创意,在移动互联网的环境中,新媒体文案很容易被人理解、关注、共鸣和重复传播。新媒体文案具有发布成本低、传播渠道广、形式多样化、互动性强、目标人群精准、多次传播等特点。
>
> 2. 新媒体文案的分类
>
> 新媒体文案的分类方法有很多,按照广告目的可以分为销售文案和传播文案;按照投放渠道可以分为朋友圈文案、微信公众号文案、微博文案、App 文案等;按照篇幅长短可以分为长文案和短文案;按照广告植入方式可以分为软广告文案和硬广告文案等;也可以按照场景不同,分为品牌文案、产品文案、营销文案等。
>
> ● 品牌文案。一般包括品牌故事,口号(Slogan)广告语等,比如创立于 2011 年的白酒品牌江小白以"我是江小白,生活很简单"为品牌理念,"简单纯粹"既是江小白的口感特征,也是江小白主张的生活态度,江小白迅速在年轻人中走红。
>
> ● 产品文案。一般从用户角度出发来撰写描述商品。比如江小白从嗅觉和味觉来描述产品。嗅觉:轻微的苹果香伴随着淡淡的青草味和些许杏仁味。味觉:质地细滑冲击力不强,易于下喉。香味一直在口腔持续,甜味纤细绵长,入口不腻。
>
> ● 营销文案。一般指文案能让人产生共鸣并使用户有欲望下单或者参与的文案。比如江小白借势重阳节,"儿时你把我举高,现在我陪你登高,让酒杯满一点,让时间慢一点"。

活动实施

第 1 步:首先分析目标人群。百度指数是一个基于关键词的需求分析工具,小萍决定了解这个工具,对一款减肥产品的目标用户进行分析。

(1)首先登录百度指数首页,在文本框中输入"减肥",出现了一些相关的搜索内容,如图 3.2.1 所示。

(2)单击搜索按钮之后,出现了趋势研究、需求图谱、咨询关注、人群画像 4 个模块,分别如图 3.2.2 ~ 图 3.2.5 所示。

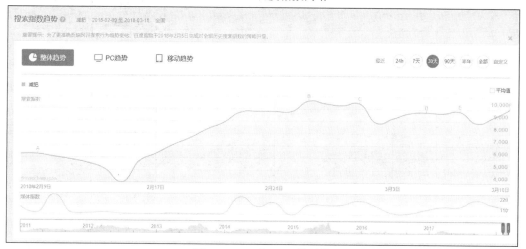

图 3.2.1 百度指数网站

图 3.2.2 "减肥"整体趋势

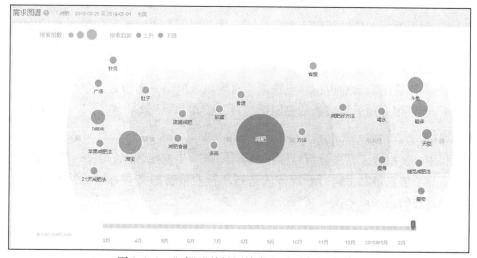

图 3.2.3 "减肥"关键词搜索人群需求图谱分析

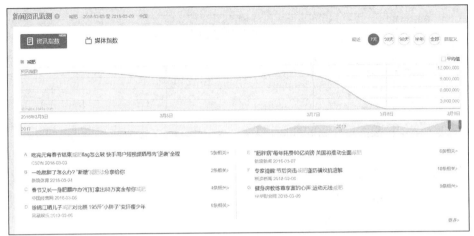

图 3.2.4   "减肥"资讯指数和媒体指数

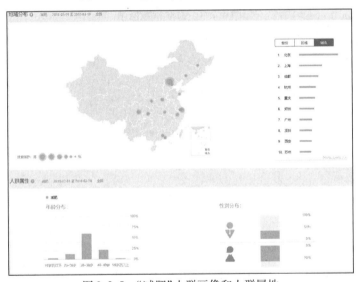

图 3.2.5   "减肥"人群画像和人群属性

第 2 步:利用搜狗微信进行同行选题分析。搜狗搜索是中国最领先的中文搜索引擎,支持微信公众号、微信文章、知乎等搜索,方便查看同行的新媒体文章和最热门的同行文章,如图 3.2.6 和图 3.2.7 所示。

第 3 步:利用百度风云榜进行热点选题。百度风云榜是一个很好的热门话题风向标,通过查看榜单,能够很好地了解最新的热门话题,实现"蹭热点"效果,如图 3.2.8 所示。

活动评价

小萍利用百度指数工具来分析目标用户群体,进一步挖掘客户的需求,然后通过搜狗微信搜索的工具了解竞争对手同行新媒体的选题和行业最新的文章,最后自行根据最新的热点话题选择合适的切入点来撰写文章。

S 搜狗 微信　资讯　网页　微信　知乎　图片　视频　医疗　科学　翻译　问问　百科　更多>>

红十字会标志　　　　　　　　　　　　　　✕　　**搜文章**　　搜公众号

以下内容来自微信公众平台

中国红十字会标志解析

中国红十字会的会徽为金黄色橄榄枝环绕的白底红十字 含义如下 红十字作为救护团体即红十字会识别标志开始于1863年10月采用白底...

北京市朝阳区红十字会　　2019-8-8

红十字会的"红十字"标志从何而来?

红十字会标志特意选择了瑞士国旗的红底白十字翻转而成白底红十字标志,而杜南的生日5月8日则被定为世界红十字日.自红十字会诞...

历史故事　　2020-2-12

图 3.2.6　搜狗搜索"红十字会标志"的文章搜索结果

中国红十字会　　　　　　　　　　　　✕　　**搜文章**　　搜公众号

中国红十字会总会训练中心

微信号: rctc100010　|　月发文 12 篇

功能介绍: 一个恪守红十字运动基本原则,以人道、博爱、奉献的红十字精神为宗旨,致力于普及、推

微信认证: ☑ 中国红十字会总会训练中心

最近文章: 救在身边·校园守护 | 佛山市首家学校红十字生命健康安全体验教室挂牌　　　3天前

中国红十字会总会备灾救灾中心

微信号: hszbzjz_01

功能介绍: 传播"人道博爱奉献"的红十字精神,宣传中国红十字会备灾救灾工作,普及红十字防灾救

微信认证: ☑ 中国红十字会总会备灾救灾中心

最近文章: 中心召开"博爱通"系统优化完善专题会议　　　2天前

中国红十字会广州备灾救灾中心

微信号: gzbzjzzx

功能介绍: 应急救护培训宣传

微信认证: ☑ 中国红十字会广州备灾救灾中心

图 3.2.7　搜狗搜索"中国红十字会"的微信公众号搜索结果

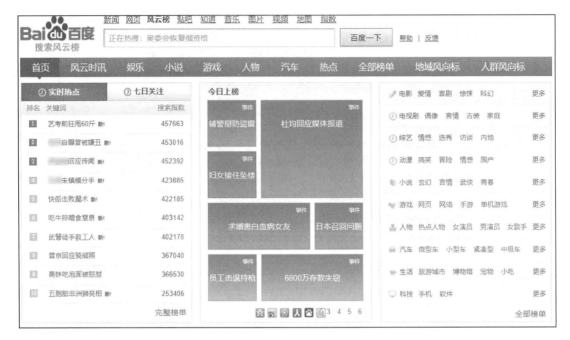

图 3.2.8   百度风云榜

活动 2   命名标题

活动背景

在工作中,王经理向小萍指出:切记,好标题不是标题党。标题党是文不对题,且标题严重夸张但极具有吸引力的标题,纯是套路;而新媒体标题是基于事实,而不是杜撰,题目与内容符合、无不良反应,目的是传递文章的价值,纯粹是博眼球。

知识窗

会点击的标题不一定是好标题,但是你不会点的标题一定不是好标题。起标题时我们应该有一个清晰的思路,比如要结合什么样的事件,内容的定位是什么等。很多人在起标题的时候"偷懒",随手写一个标题就发了,这样是难提升点击量的。

一个好的标题就是要让有价值的信息无阻碍传播,只要我们能够守住一些基本原则。

①真实:真实是与读者建立稳固关系的唯一前提,这些是好标题党与低质标题党的区别。

②不装:就是绝大多数读者都能看懂。做文章,要先让用户更容易接受,只有用户接受了,才能有机会进一步理解文章中的要义。

③精准量:标题里要有信息量,要有提炼信息量和表达信息量的能力。

④创意(有趣、愉悦、新知):好的标题应该加强这三方面的表达。

⑤情感:标题要有温度地面对每个人。好的标题一定要突出情感,不管你是激将读者、感动读者还是安慰读者,都可以通过合理的感情表达出来。

活动实施

第 1 步：熟悉常见标题的类型。新媒体文案常用的 8 种基本标题类型如图 3.2.9 所示。

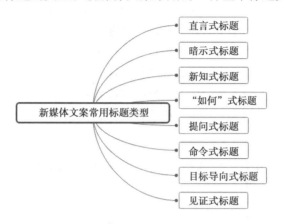

图 3.2.9　新媒体文案常用的 8 种标题类型

查阅有关资料，完成表 3.2.1 中的连线题。

表 3.2.1　标题类型对号入座（连线题）

直言式标题	你有以下这些装潢问题吗？
暗示式标题	如何有效去除衣服上的顽固污渍
新知式标题	点火烧烧看这张防火材质的优惠券
"如何"式标题	千万分之一的比例，我们没问题
提问式标题	一个山区穷小子，他是如何一夜致富的
命令式标题	纯棉 T 恤打 7 折
目标导向式标题	第二代袖珍型新款雪佛兰汽车问世
见证式标题	未来 4 天，一定要买毛皮大衣的 4 000 个理由

第 2 步：尝试撰写有效标题。从内容本身出发，提炼中心语句，可以起到与信息清单类似的作用。通过一连串与产品有关的机会展示，来重新排列组合，以组成有效标题。

以下列话题为例：①饮食如何减肥；②顺产后如何减肥；③针灸减肥如何；④运动减肥后如何保持；⑤虚胖如何减肥。

利用下列 5 种标题撰写的方法对原有的话题进行标题的撰写。

（1）数字举例法：上面第①个可以改成这样的标题：饮食如何减肥且看 5 大减肥食物。

（2）情境衍生法：上面第②个可以改成这样的标题：顺产后如何减肥产妇必备减肥知识。

（3）结果分析法：上面第③个可以改成这样的标题：针灸减肥如何快速疗效不反弹。

（4）寻根问底法：上面第④个可以改成这样的标题：运动减肥后如何保持还需要做什么运动吗？

（5）有问有答法：上面第⑤个可以改成这样的标题：虚胖如何减肥运动是减肥的关键。

以下列话题为例：①复方地芡口服液一盒价格多少；②复方地芡口服液的作用与功效；

③复方地茯口服液对身体好吗;④复方地茯口服液产地;⑤复方地茯口服液可以滋阴生津吗?

请你根据上述的5种标题撰写方法,完成下面标题的撰写,并填入在横线上。

(1)数字举例法:上面第①个可以改成这样的标题:＿＿＿＿＿＿＿＿＿＿＿＿＿＿

(2)情境衍生法:上面第②个可以改成这样的标题:＿＿＿＿＿＿＿＿＿＿＿＿＿＿

(3)结果分析法:上面第③个可以改成这样的标题:＿＿＿＿＿＿＿＿＿＿＿＿＿＿

(4)寻根问底法:上面第④个可以改成这样的标题:＿＿＿＿＿＿＿＿＿＿＿＿＿＿

(5)有问有答法:上面第⑤个可以改成这样的标题:＿＿＿＿＿＿＿＿＿＿＿＿＿＿

活动评价

通过本次活动,小萍不仅了解到新媒体标题的重要性,也熟悉常见的新媒体标题类型,并尝试撰写不同类型的新媒体文章标题。

活动3　设计内容

活动背景

小萍知道,在互联网时代,名不见经传的公司也可能大放异彩,如凡客、雕爷牛腩、皇太极煎饼、白酒江小白等,他们成功的重要原因就在于优秀的文案。她向刘经理请教,刘经理提到作为一名新媒体文案人员,必须以内容为中心,设计和突出主题。

知识窗

对于新媒体人来说,写作是非常重要的技能,开头尤其重要。要写好文章的开头必须把握3个原则:相关性原则、好奇心原则和可靠性原则。

①相关性原则。大多数人只关心和自己有关的事情。比如我最近的工作中常常需要做点小设计,那我看到一篇用PPT作图教程的文章,我就会看;我朋友最近想学化妆,那她看到一篇讲新手化妆步骤的文章,她也会去看。

②好奇心原则。当人们产生了好奇心,就会像强迫症患者一样想去满足他。比如我看悬疑小说,一开头往往会产生这种疑惑:发生了什么? 怎么会这样呢? 然后我的好奇心就会不断驱使我再多看一点,直到得到答案。

③可靠性原则。具有真实性的事物才能让人们相信,并且愿意接受,一旦读者接受,他们就会继续看下去。所以可靠的核心就是真实性,让人觉得这是真实发生的、有真实的例子,那么他们就会接受,并且坚持读完整篇文章。等你在最后进行行动呼唤,比如希望大家转发、点赞、扫码关注等,就会顺理成章。

新媒体内容的正文除了做到图文并茂,还要突出关键词。关键词是一个文本中的核心词语,揭示稿件最核心的内容,以吸引用户,提高文本的检索率和利用率。一般来说,关键词的数量不宜过多,3~5个即可。

新媒体内容的结尾,一般都设置引导,进行优化的目的是鼓励读者做出相应的动作。一般的结尾主要有两种形式:

①读者印象:正文得出结论或态度之后,结尾处再次强调,以便加深读者印象。

②读者行动:正文的内容已完结,或正文的目的就是引导读者行动时,要在结尾加引导语,引导读者行动。

活动实施

第1步:设计新媒体文案的开头。文章的开头具有承上启下的作用,一方面,开头与标题要相呼应;另外一方面,开头需要引导读者阅读后文,好的开头是成功的一半。

新媒体开头常用有5种设计方式,请阅读朋友圈中的文章,看看它们的开头设计符合哪一种类型,完成表3.2.2。

表3.2.2　5种新媒体开头设计的案例收集

开头类型	文章题目
故事型	
图片型	
简洁型	
思考型	
金句型	

第2步:设计新媒体正文的结尾。结尾设计,必须了解平台的规则,比如微信重点整顿诱导分享行为。微信禁止用夸张言语来胁迫、引诱用户分享。如果用户在朋友圈看到含有"不转不是中国人""请好心人转发一下""转发后一生平安""转疯了""必转"等字样的文章,可以立即举报。

微信公众号文章为了和用户形成良好的互动,一般会采取哪些方式?请查阅文章进行了解,完成表3.2.3。

表3.2.3　常见的新媒体结尾设计案例收集

结尾类型	文章题目
二维码长按识别	
阅读原文链接	
后台回复获取内容	
收藏、转发、点赞,评论引导语句	

活动评价

通过本次活动,小萍不仅掌握了新媒体文章的开头和结尾撰写方法,更重要的是了解了要从用户角度出发,要吸引用户撰写评论或者为他们的评论点赞。

合作实训

4人为一个小组,分工合作,讨论选择最新的热门话题,针对这个话题,每位同学围绕该话题撰写1篇营销型文案,并发布在各大新媒体平台,然后讨论哪篇文章标题好,哪些文章的内容好,并结合数据进行阐述说明。

任务3   处理新媒体图片

情境设计

王经理告诉小萍,在从事新媒体内容编辑的时候,配图至关重要,不仅图片比文字能获得更好的视觉效果,而且图文信息比单纯的文字信息阅读体验更好,能够缓解阅读过程的紧迫感和压力感。对此,小萍自己也深有体会,配图不仅考查理解能力,也考查审美能力,但从哪里获取更合适的图片? 如何利用工具对图片进行简单的处理? 特别是00后喜欢的表情包,能不能自己制作呢? 带着这些疑问,小萍开始新媒体图片处理问题的探索。

任务分解

为了完成本次任务,小萍通过百度搜索、搜狗微信、搜狗知乎等工具搜索解决问题的思路。她首先通过网站搜索合适的图片,然后利用图片处理工具进行基本的处理,最后对动态图片进行制作。

活动1   搜索配图

活动背景

关于图片的搜索工具很多,小萍决定从5个方面来学习如何寻找合适图片,包括普通的百度图片搜索、高清大图搜索、图标搜索、动图搜索和图片社交分享等。

> **知识窗**
>
> 图片是指由图形、图像等构成的平面媒体。图片的格式很多,但总体上可以分为点阵图和矢量图两大类。
>
> 点阵图,也叫作位图,栅格图像,像素图,简单地说,就是最小单位由像素构成的图,缩放会失真,我们常用的BMP、JPG等格式的图形都是点阵图形。
>
> 矢量图,也叫作向量图,简单地说,就是缩放不失真的图像格式,SWF、CDR、AI等格式的图形属于矢量图形。
>
> 图片搜索是通过搜索程序,向用户提供互联网上相关的图片资料的服务。图片搜索的目的是查找出自己所需要的特定图片。从所使用的技术上来分类,可分为:
>
> ①基于上下文本的图片搜索。比如常规的百度图片搜索,是通过输入关键词的形式搜索到互联网上相关的图片资源。
>
> ②基于图片内容的搜索。比如百度识图,能实现用户通过上传图片,从而搜索到互联网上与这张图片相似的其他图片资源,同时也能找到这张图片相关的信息。

活动实施

(1)使用百度图片搜索。百度图片拥有来自几十亿中文网页的大量图库,收录数亿张图片,并在不断增加中,利用百度搜索图片一定要学会使用它的"筛选"功能。以关键词"电子商务"为例,可以按照尺寸、颜色和类型进行筛选,如图 3.3.1 所示。

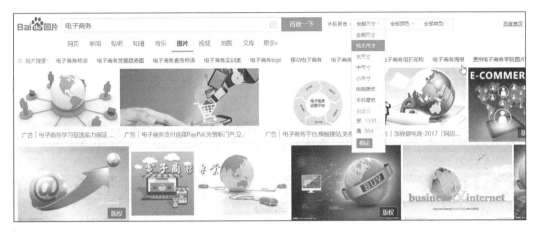

图 3.3.1 百度图片搜索的"筛选"功能

(2)使用高清图片搜索 PixaBay 搜索。它是免费的高质量图片素材分享网,又是一个提供无版权图片素材的图片提供商,不论数字或者印刷格式,个人或者商业用途,都可以免费使用其网站上的任何图像,并且无原作者署名要求,如图 3.3.2 所示。

图 3.3.2 免费高质量图片素材分享网 PixaBay

(3)使用图标搜索 easyicon 搜索。easyicon 是一个免费的图标网站,又是一个数量超级多的小图标素材网站,并且支持中文搜索及矢量下载,如图 3.3.3 所示。

(4)使用动图搜索引擎 Soogif 搜索。它提供丰富的 GIF 资源,并且分类可以搜索,更人性化的是可以按大小下载 GIF 动图,如图 3.3.4 所示。

(5)使用图片采集网站花瓣网搜索。花瓣网是一家基于兴趣的社交分享网站,为用户提供了一个简单的采集工具,帮助用户将自己喜欢图片重新组织和收藏,如图 3.3.5 所示。

活动评价

通过以上 5 种类型的图片搜索网站,小萍掌握了常见的新媒体图片搜索工具,不仅可以

图 3.3.3　图标搜索工具 easyicon

图 3.3.4　动图搜索引擎 Soogif

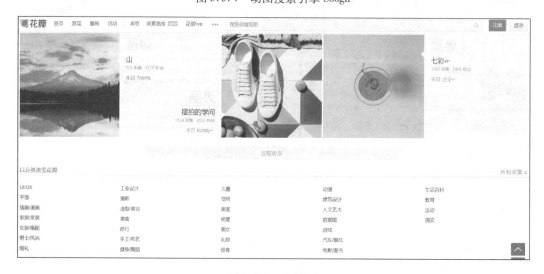

图 3.3.5　花瓣网

按照关键词来找图,还可以"以图找图",同时也意识到国内大多数的图片素材网站都有版权保护的,不要滥用。非商业用途使用的时候,最好备注来源。这为日后的文章配图打下了良好的基础。

活动2　处理图片

活动背景

小萍在编辑完主要内容后,就要对图文设计进行考虑了。图片处理,即对图片进行处理、修改。通常是通过图片处理软件,对图片进行调色、抠图、合成、明暗修改、彩度和色度的修改、添加特殊效果、编辑、修复等。常见的图片处理工具主要有美图秀秀、Photoshop 等,小萍自认为 Photoshop 功底不错,但还不够,她还要注意些什么呢?

知识窗

新媒体的内容大多数在手机端进行浏览,图片的大小尺寸、清晰度必须符合适配手机端和 Pad 平板屏幕的要求,这就要求对图片素材做进一步的处理。以微信公众号的配图尺寸为例,主要包括以下两种:

①封面图片尺寸,如图 3.3.6 所示。

图 3.3.6　微信公众号封面图片尺寸

②正文图片,如图 3.3.7 所示。

图 3.3.7　微信公众号正文配图

活动实施

(1)熟悉截图工具。一般来说,大家普遍采用 QQ、360 浏览器、搜狗输入法进行截图操作。除此之外,Snipaste 也表现得非常不错。Snipaste 能自动检测到窗口内的界面元素,贴图可以永久保存,如图 3.3.8 所示。

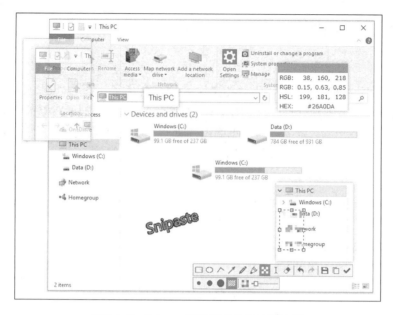

图 3.3.8　Snipaste 截图工具自动检测边缘

　　(2)熟悉美图秀秀软件。美图秀秀是一款很好用的图片处理软件,不用学习就会使用,拥有的图片特效、美容、拼图、场景、边框、饰品等功能,加上每天更新的精选素材,可以让你1分钟做出影楼级照片。它有手机版、PC 版本,简单,容易上手,操作方式灵活,被大众普遍采用,PC 版如图 3.3.9 所示。

图 3.3.9　美图秀秀 PC 版

　　(3)熟悉 Photoshop 软件。Photoshop 是一款专业的图片处理工具,简称为 PS,它是 Adobe 公司旗下最为出名的图像处理软件之一,集图像扫描、编辑修改、图像制作、广告创意,图像输入与输出于一体的图形图像处理软件,操作界面如图 3.3.10 所示。

　　(4)熟悉创客贴平台。创客贴是一款多平台(Web、Mobile、Mac 、Windows)极简图形编辑和平面设计工具。它包括创客贴网页版、iPhone、iPad、桌面版等。从功能使用上分类,创客贴有个人版和团队协作版。它提供图片素材和设计模板,通过简单的拖拉拽操作就可以设计出海报、PPT、名片、邀请函等各类设计图,如图 3.3.11 所示。

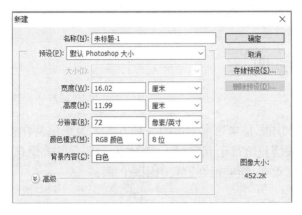

图 3.3.10　Photoshop 的操作界面

图 3.3.11　创客贴网站后台界面

（5）熟悉手机图片处理软件。手机端图片处理软件越来越流行，比如 Snapseed 是谷歌公司产品，是日常处理相片的最佳应用程序，如图 3.3.12 所示。360 相机一款风靡全球的手机拍照应用，越来越受到用户欢迎，如图 3.3.13 所示。

图 3.3.12　Snapseed 手机处理软件

图 3.3.13　360 相机 App

活动评价

通过熟悉新媒体图片处理工具，小萍意识到图片处理工具、图片模板可以帮助我们快速处理编辑图片。王经理对小萍主动学习的意识表示认同,也希望小萍在工作中能够利用新工具提高工作效率。

活动3　制作动图

活动背景

"表情包"是一种利用图片来表示感情的一种方式。表情包是在社交软件活跃之后,形成的一种流行文化。表情包流行于互联网上,基本人人都会发表情包。小萍知道动态的表情包在图文消息中非常重要,能够很好地吸引用户的眼球。

> **知识窗**
>
> GIF 动图格式已有 30 年历史,它是唯一一种不需要播放器或插件就可以在任何网络上实现类视频效果的文件格式。如今 GIF 成为一种网络文化,在微信、QQ 等社交 App 上流行的动图,其中最魔性的绝对是 GIF 动图;在微信公众号、头条号、微博等新媒体上传播最快的也是 GIF 动图,它就如同空气一般存在,给我们带来了超越文字和静态图片所要传递的信息。
>
> 动图作为一个更为有趣的表达方式,现在微信推送中动图逐渐被普及,GIF 动画目前在各种文案编辑中越来越常见。它可以比文字更清晰,并且表述力大于图片。自己动手制作动图,成为新媒体编辑人员必备的技能。

活动实施

(1)使用 GIF 动图截取工具。很多的视频播放器,比如迅雷影音、QQ 影音等都支持将视频片段截取保存为 GIF 动图。另外,Screen to Gif 是一款方便可靠的小软件,可帮助用户快速地录制屏幕上的指定区域,并直接保存为 GIF 动画文件,如图 3.3.14 所示。

图 3.3.14　Screen To Gif 启动界面

(2)使用小猪动图。小猪动图(Pig GIF)是一个 GIF 动图搜索引擎,提供 GIF 动图素材和 GIF 在线制作工具。素材包括搞笑、表情、美女、明星、影视、热门事件等无水印 GIF 动图;GIF 工具支持 GIF 压缩、GIF 制作、视频转 GIF 等功能,如图 3.3.15 所示。

(3)制作动态表情包。表情包的制作包括静态表情包和动态表情包,静态表情包比较简单,动态表情包一般为模板上定制,这里推荐斗图啦网站,如图 3.3.16 所示。

图 3.3.15　小猪动图

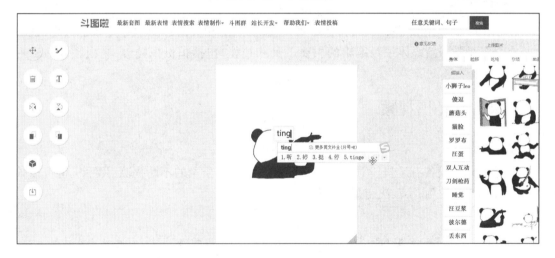

图 3.3.16　斗图啦表情包制作

活动评价

小萍将视频片段保存为 GIF 动图,并自己动手制作动图表情包,用在新媒体编辑上,用户的反馈效果很好,王经理指出对于一些特殊效果的动图,还是需要 Photoshop 来完成制作。

合作实训

4 人为一个小组,分工合作,完成以下任务:

(1)用手机拍摄两张照片,一张是商品照片,另一张是人物照片。

(2)用软件对两张照片进行美化和处理。

(3)用软件将它们制作成动态图片,并添加相应的文字描述。

任务4　剪辑新媒体视频

情境设计

短视频时长短、信息承载量高、生动形象的特点使移动手机用户得以充分利用碎片时间观看,更符合当下手机网民消费行为习惯。国内移动大数据服务商发布的《2017年秋季中国移动互联网报告》显示,短视频已成为我国移动互联网月度使用总时长的No.2,并以25.3%的增长率大幅度领先其他行业。

从2017年起,短视频营销成为新媒体主流。小萍将这个观点的媒体报道反馈给王经理,王经理对小萍主动思考创新工作,翻看前沿资讯的好习惯提出表扬,并指出让她尽快学习新媒体视频编辑的相关内容,为后面在短视频发力打好基础。

任务分解

由于平时小萍经常观看快手、抖音等短视频网站,对相关内容的学习充满了兴趣,她的主要是任务是学习新媒体视频编辑的主要工具和技能,包括拍摄视频、录制视频和剪辑视频等。

活动1　拍摄视频

活动背景

拍摄视频的设备有手机、相机、DV等,随着智能手机质量的不断提高,用手机也可以拍出清晰度不错的视频,小萍决定采用手机拍摄视频。

> **知识窗**
>
> 视频长度不超过20 min,通过移动智能终端实现播放、拍摄、编辑,可在社交媒体平台上实时分享和互动的新型视频形式。视频形态包含记录短片、微电影、视频剪辑等。
>
> 连续的图像变化每秒超过24帧(frame)画面以上时,根据视觉暂留原理,人眼无法辨别单幅的静态画面;看上去是平滑连续的视觉效果,这样连续的画面叫作视频。视频格式主要有rm、rmvb、mpeg1-4、mov、mtv、dat、wmv、avi、3gp、amv、dmv、flv等,在新媒体视频中,常见的格式为MP4格式。
>
> 一部好的视频作品,通常需要多项工作要求相对到位,如创意、编导、文案、拍摄、剪接、配音制作等。其中,拍摄是一个非常重要的环节,拍摄质量的优劣,会直接影响整部作品的效果。

活动实施

市面上大部分手机的视频拍摄功能都能轻松满足人们的各类拍摄需求。提升手机视频的拍摄效果,要掌握以下技巧。

（1）尽量拿稳手机。

与拍摄照片一样，用手机拍视频也需要拿稳手机，稳定的画质可以使视频更加清晰。在使用手机拍摄静态画面时，拍摄者可以借助稳定的大型物体来固定手机，如桌子、柜子、墙壁等，当然这样灵活性就比较低了。

对于有条件的用户来说，可以购买一些手机辅助拍摄设备，如三脚架、多变脚架、快门线等，这些设备都可以在一定程度上帮助拍摄者稳定拍的画质，如图3.4.1所示。

图3.4.1　手机拍摄三脚架

（2）双手横持手机。

在拍摄过程中，尽量双手横持手机，这样不但可以加强手机的稳定型，而且可以减少因画面的抖动造成的模糊，如图3.4.2所示。

图3.4.2　手机横屏拍摄

另外，当用户将视频上传到社交网络后，竖着拍摄的视频很可能会出现画面横置的现象，会严重影响欣赏者的体验。

（3）调整视频画质。

如果用户要想拍摄一段好的视频，视频画质是最基本的要求，成像质量有50%取决于手机摄像头的像素。

很多手机在摄像时可以选择调整分辨率、画质等级、亮度以及格式等参数，建议尽量选择较高的分辨率、画质和易于编辑的格式，以保证得到最佳的视频品质，如图3.4.3所示。

为不同视频画质下拍摄的视频效果（见图3.4.4：视频画质为1920像素×1088像素；见

图 3.4.5：视频画质为 176 像素×144 像素）。

图 3.4.3　手机拍摄画质参数设置

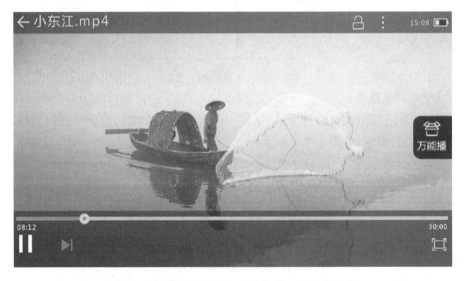

图 3.4.4　视频画质为 1920 像素×1088 像素

（4）关闭自动对焦。

手机摄像头的对焦功能难以达到摄像机的对焦效果，在拍摄视频时经常可以明显看到画面从模糊到清晰的过程。图 3.4.6 对焦中，画面比较模糊。

完成对焦后，画面变清晰，如图 3.4.7 所示。

因此，如果拍摄者不是刻意追求一种模糊的效果，最好在摄像前关闭自动对焦功能。另外，在拍摄前尽量先找好焦点，而不要在拍摄时再去频繁对焦，一定要保证画面的流畅度。

（5）注意环境光线。

相比专业的摄像机，手机的摄像头尺寸要小得多，感光能力有限。在光线不足的环境中，当用户拍摄视频时，手机相机通常会自动调高 ISO 感光度，以此来提高自身的感光能力，

图 3.4.5　视频画质为 176 像素 × 144 像素

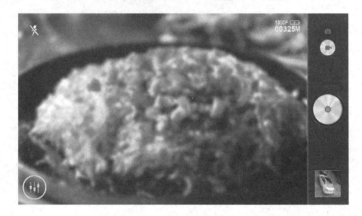

图 3.4.6　对焦中模糊的照片

这样的后果就是会增加噪点,影响画质。

　　在日落时,由于光线不足,拍摄视频时,画面中有比较明显的噪点,如图 3.4.8 所示。

　　因此,在夜晚或弱光环境中,如果拍摄者没有携带专业设备,应该尽量借助拍摄主体周围的灯光,如路灯、广告灯、室内灯光或开启手机闪光灯等,使视频中的画面色彩和清晰度得到保证。

　　图 3.4.9 为借助路灯用手机拍摄的烟花视频图片。

　　(6)把握拍摄距离。

　　很多人在用手机拍摄视频时,都喜欢站得远远地拍。由于手机的视频分辨率有限,而远距离拍摄的场景又比较小,这样视频的细节就无法完全展现出来。因此,拍摄者的手机应与被摄主体保持合适的距离。例如,在拍摄人物或者动物的视频时,所在的拍摄位置只要能将人物或者动物的面部表情和肢体语言拍清晰即可。

活动评价

　　王经理告诉小萍,手机拍摄的时候,注意不要离得太近,否则容易录制下来自己的呼吸

图 3.4.7　对焦后清晰的照片

图 3.4.8　有明显噪声的图片

声,影响最终的效果。手机拍摄视频很重要的一点是要合理、妥善地利用光影进行拍摄,如果逆光太强,则视频效果就不好;如果光线太暗,也不会有好效果。最好的方法是,选择好角度后,利用自然光体现你的拍摄主题,有时候可以顺光,有时候也可以逆光,但要及时调整角度。

图 3.4.9　烟花照片

活动 2　录制视频

活动背景

小萍通过检索得知,用软件来录制电脑屏幕,是视频编辑人员常见的一个技能。相关软件有很多,比较典型有 KK 录像机、在线录屏 Apowersoft、专业录屏套装 Camtasia Studio 等,用手机 App 来录制手机屏幕,比较典型的是超级安卓录屏大师 DURecorder。

知识窗

(1)KK 录像机是一款免费的超清屏幕录像、视频编辑于一体的录屏软件。

(2)Apowersoft,Apowersoft 录屏王是一款专业的屏幕录制工具。使用它,可以轻松地将屏幕上的软件操作过程、网络教学课件、网络电视、网络电影、聊天视频、游戏等录制成 WMV 格式的视频,还可以连接摄像头进行录像。本软件录像时间不受限,想录多久就可录多久。

(3)Camtasia Studio。Camtasia Studio 是最专业的屏幕录像和编辑的软件套装。软件提供了强大的屏幕录像(Camtasia Recorder)、视频的剪辑和编辑(Camtasia Studio)、视频菜单制作(Camtasia MenuMaker)、视频剧场(Camtasia Theater)和视频播放功能(Camtasia Player)等。使用本套装软件,用户可以方便地进行屏幕操作的录制和配音、视频的剪辑和过场动画、添加说明字幕和水印、制作视频封面和菜单、视频压缩和播放。

用手机 App 来录制手机屏幕,比较典型的是超级安卓录屏大师 DURecorder 和 Vue 视频软件,其中 DURecorde App 是一款强大的媒体处理工具,支持视频、图片编辑及拼接功能,视频转 GIF 也很方便,并拥有强大的屏幕录制功能等,制作完成可以直接分享,生成的效果质量部分取决于提供的文件,不一定很好。其使用过程中不会有广告的显示,功能强大。

活动实施

Camtasia Studio 录制计算机屏幕的操作步骤如下：

第 1 步：完成 Camtasia Studio 软件的安装，操作界面如图 3.4.10 所示。

编辑区   监视区

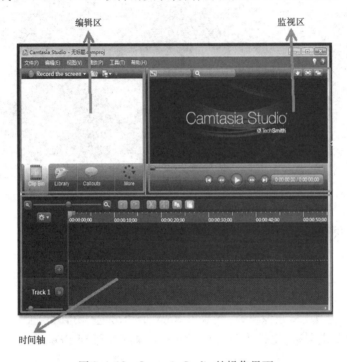

时间轴

图 3.4.10   Camtasia Studio 的操作界面

第 2 步：打开顶部的"录制视频"菜单，完成录制图像参数的设置。设置完成之后，鼠标左键点击 rec 按钮，出现倒计时按钮，倒数 3、2、1 之后开始录制，如图 3.4.11 所示。

图 3.4.11   录制视频窗口界面

第 3 步：录制完成之后按"F10"键停止录制，出现预览界面，如图 3.4.12 所示。

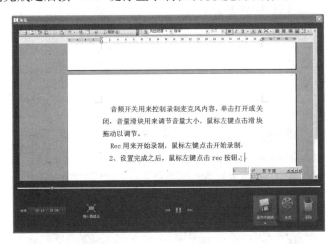

图 3.4.12 视频预览界面

第 4 步：点击编辑区内"生成和分享"按钮。渲染完成之后，在输出文件中找到后缀名为. mp4 的文件，其他的都可以删除，如图 3.4.13 所示。

图 3.4.13 视频的生成和分享

DURecorder 录制手机屏幕非常简单方便，用户可以自行搜索下载，如图 3.4.14 所示。同样在苹果手机上，特别是 IOS 11 版本上开始内置录屏的功能，如图 3.4.15 所示。

活动评价

录屏软件或者 App 软件有很多，并且很多都雷同，从业者应该选择一个相对成熟的产品来使用，然后熟练使用它，可以大大提高工作效率。

图 3.4.14　DURecorder 安卓录屏大师

图 3.4.15　苹果手机内置的录屏功能(ios 11)

活动3　处理视频

活动背景

在计算机上播放和录制视频,可以将家庭电影复制到计算机中,使用视频和音频剪贴工具进行编辑、剪辑、增加一些很普通的特效效果,使视频可观赏性增强,称为视频处理。刘经理告诉小萍,专业的视频处理软件为 Premiere,但学习的周期长,新媒体视频编辑从业者可以选择爱剪辑和手机端小影来代替。

知识窗

爱剪辑是最易用、强大的视频剪辑软件,也是国内首款全能的免费视频剪辑软件,由爱剪辑团队凭借 10 余年的多媒体研发实力,历经 6 年以上创作而成。人人都能轻松成为出色剪辑师是我们设计软件的期望,您甚至不需要视频剪辑基础,不需要理解"时间线""非编"等各种专业词汇,让一切都还原到最直观、易懂的剪辑方式。更多人性化的创新亮点,更少纠结的复杂交互,更稳定的高效运行设计,更出众的画质和艺术效果……一切都所见即所得,随心所欲成为自己生活的导演。

小影是一款原创视频、全能剪辑的短视频社区 App,可录制 10 s 短视频,同时提供拍摄、编辑更长原创视频内容的服务。小影内置多种拍摄镜头、多段视频剪辑、创意画中画,有专业电影滤镜、字幕配音、自定义配乐等特性。

活动实施

小萍按照如下步骤即可使用爱剪辑快速进行视频剪辑。

第 1 步:添加及分割、截取视频片段。在软件主界面顶部点击"视频"选项卡,在视频列表下方点击"添加视频"按钮,在弹出的文件选择框中添加视频片段,如图 3.4.16 所示。添加视频进入"预览/截取"对话框后,在该对话框中截取视频片段(关于截取视频片段的详细技巧,可查看帮助文档)。如果不需要截取视频片段,可以直接点击"确定"按钮,将视频导入爱剪辑,如图 3.4.17 所示。

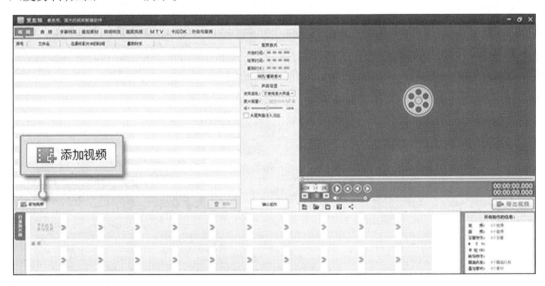

图 3.4.16　添加视频片段

第 2 步:添加音频。添加视频后,在"音频"面板点击"添加音频"按钮,在弹出的下拉框中,根据自己的需要选择"添加音效"或"添加背景音乐",即可快速为要剪辑的视频配上背景音乐或相得益彰的音效,如图 3.4.18 所示。

第 3 步:为视频添加好莱坞级别的酷炫字幕特效。在"字幕特效"面板右上角视频预览框中,将时间进度条定位到要添加字幕的时间点,双击视频预览框,在弹出的对话框中输入字幕内容,然后在左侧字幕特效列表中,应用喜欢的字幕特效即可,如图 3.4.19 所示。

图 3.4.17　截取视频片段

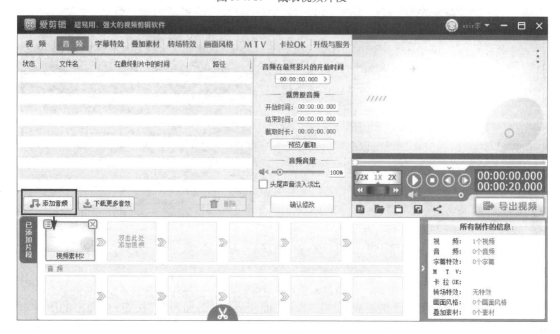

图 3.4.18　添加音频

第 4 步：为视频叠加相框、贴图或去水印。爱剪辑的"叠加素材"功能分为三栏："加贴图""加相框""去水印"。

图 3.4.19 为视频添加字幕

第 5 步：为视频片段间应用转场特效。在"已添加片段"列表,选中要应用转场特效的视频片段缩略图,在"转场特效"面板的特效列表中,选中要应用的转场特效,然后点击"应用/修改"按钮即可。

第 6 步：通过画面风格令制作的视频具有与众不同的视觉效果。在"画面风格"面板的画面风格列表,选中需要应用的画面风格,在画面风格列表左下方点击"添加风格效果"按钮,在弹出框中选择"为当前片段添加风格"。

第 7 步：为剪辑的视频添加 MTV 字幕或卡拉 OK 字幕。在"MTV"或"卡拉 OK"选项卡歌词列表左下角,点击"导入 LRC 歌词"按钮或"导入 KSC 歌词"按钮即可。

第 8 步：保存所有的设置。此时,我们只需在视频预览框左下角点击"保存所有设置"的保存按钮,将所有设置保存为后缀名为.mep 的工程文件。

第 9 步：导出剪辑好的视频。视频剪辑完毕后,点击视频预览框右下角的"导出视频"按钮即可。

小影是手机端进行视频编辑常用的 App 之一,操作比较简单,界面如图 3.4.20 所示。

活动评价

在自媒体短视频越来越火的今天,视频的剪辑变成一门学问,不仅要剪辑得好,更重要的是要站在用户的角度来分析,注重营销的观念融入视频的剪辑中。

图 3.4.20 小影的操作界面

合作实训

4 人为一个小组,分工合作,完成以下任务:

(1)用手机拍摄一段视频,对一件商品进行商品描述。

(2)用软件分别录制电脑和手机的一段操作视频。

(3)用编辑软件对前面的视频进行美化,然后开展相互评价。

任务 5　制作新媒体 H5 页面

情境设计

H5(HTML 5 的简称)是指第 5 代超文本标记语言 HTML,是一系列制作网页互动效果的技术集合,其设计目的是在移动设备上支持多媒体。由于微信迅速地崛起,H5 语言编写的界面和微信浏览器比较兼容,借由微信移动社交平台,走进大家的视野,也开始越来越火。

近日,王经理告诉小萍,客户提出制作 H5 宣传页的需求,让她来负责这件事情。小萍知道 H5 制作的网页效果炫酷,相比传统的文章页面营销,具备更强大的"被转发"的能力,她一定要抓住这个机会好好研究 H5 页面,满足客户的需求。

任务分解

为了完成本次任务,小萍决定熟悉相关 H5 页面制作平台。她首先要弄明白 H5 页面是什么,然后是 H5 页面能够完成哪些事情,最后是如何将 H5 页面促使用户进行分享、传播,达到营销效果。

活动 1　制作 H5 微场景

活动背景

小萍查询到制作微场景的平台有很多,她选择了易企秀,因为目前易企秀已经积累了海量的 H5 作品数据、推广数据、通过数据分析、建模,将为用户打造一个更加好用、智能的 H5 编辑器和自助营销推广平台。

> **知识窗**
>
> 微场景是什么?
>
> 如果说微信改变了我们的生活,移动互联网改变了世界,那么微场景的出现则颠覆了传统广告模式。当今社会,拿着手机"连接网络"已经成了人们日常中的一种习惯性本能,无论在公交上、地铁上,身边的人无时无刻不沉浸在移动互联网中,太多的讯息和诱惑,很容易就让人们的注意力转移。普通的文字 + 图片组合的广告推送,已经让用户产生视觉疲劳,甚至厌烦心理,微场景应势而生。
>
> 如果,突然有一个神秘的画面,搭配着或轻柔或动感的音乐出现在你的视野里,需要你擦屏或滑动触摸才能见其真容,你会不会点? 答案显而易见,因为鲜少有人能够抗拒好奇心理。这就是最近最火的微场景应用。

在互联网浪潮下,场景秀因其酷炫的视觉、听觉双重效果,传播速度快和操作便捷等优势,受到越来越多用户的喜爱,人才招聘、庆典活动、同学聚会、旅游自拍……微场景应用无处不在。

活动实施

以易企秀制作产品促销场景为例,操作步骤如下:

第 1 步:选择模板。选择和产品最贴合的场景模板,通过"企业用途"来选择"产品促销"这个类别,从而选出比较合适的模板。选择好之后购买模板(可以使用免费模板,也可以使用秀点来购买模板),立即使用。

第 2 步:文本撰写。可在输入框里面编辑公司名称、优惠信息、公司介绍、产品介绍等。H5 的每个页面的文字都可以编辑,如图 3.5.1 所示。

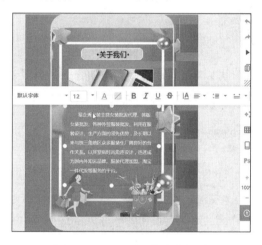

图 3.5.1　H5 页面的文本撰写

第 3 步:添加图片。在模板的后续页当中,需要展现公司产品的样式和其他信息,所以需要添加一系列的产品图片和小图标,如:代表性的促销图片和公司 LOGO 等,也可以随时更改背景图片,如图 3.5.2 所示。

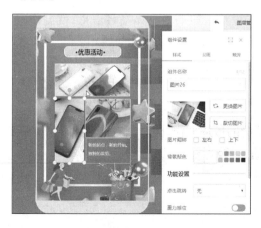

图 3.5.2　添加图片

第4步：动态效果的制作。如果是模板类的场景制作，一般情况下动态效果都已经设计好了，另外也可以通过场景提供的动态功能来自行设定效果，如图3.5.3所示。

图3.5.3　制作动态效果

第5步：音乐背景。商家可以根据场景特点，添加合适的背景音乐，如图3.5.4所示。

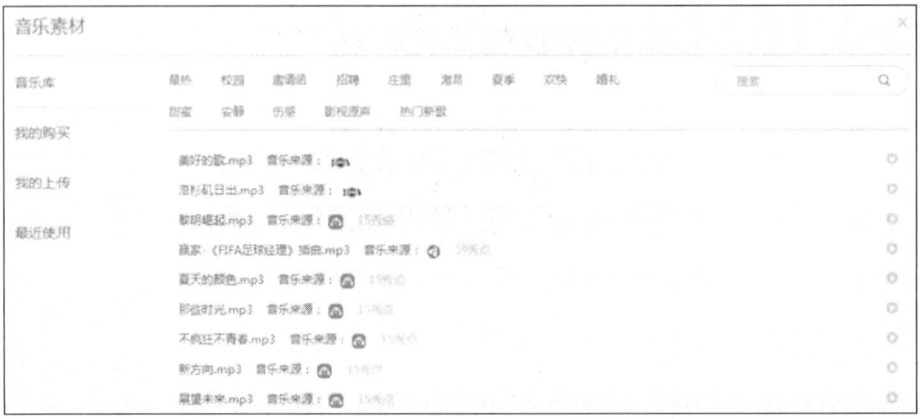

图3.5.4　选择背景音乐

第6步：做效果转化的设计。如果是收集报名信息，就制作一个报名表单；如果是通过微信/QQ吸引粉丝，就增加加粉入口，如图3.5.5所示。

第7步：文案策划。场景制作的最后一步，简单来说就是整个场景的标题和描述。文字需要新颖、通顺，标题的作用需要大于描述，如图3.5.6所示。

活动评价

易企秀是H5内容便捷的传播平台，同时拥有海量的模板，如图3.5.7所示。王经理让小萍在完成企业任务之后，自行探索H5其他的应用场景。

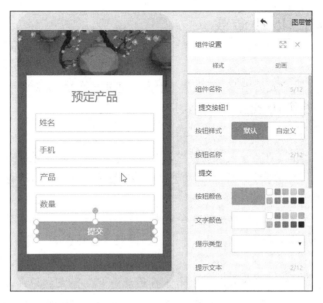

图层管
组件设置
样式
动画
预定产品
姓名
手机
产品
数量
提交
组件名称
5/12
提交按钮1
按钮样式
默认
自定义
按钮名称
2/12
提交
按钮颜色
文字颜色
提示类型
提示文本
2/12

图 3.5.5　制作报名表单

家电手机促销双十一商家活动促销
基础设置
品牌设置
更换封面
标题
家电手机促销双十一商家活动促销
描述
美容化妆服饰鞋店铺感恩 开业 促销 活动
我用易企秀做了一个超酷炫的H5，快来看看吧。
我用易企秀做的，你看一看吧
做的真好！我也去试一试
设置微信分享时样式
翻页方式
上下翻页
左右翻页
特殊翻页
上下
惯性
连续
推出
显示页码
循环播放
自动播放
禁止滑动进入下一页 升级VIP后可用
作品访问状态
允许访问
发布
保存
取消

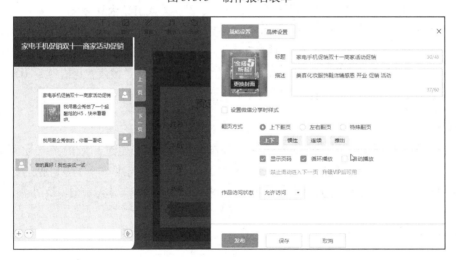

图 3.5.6　促销文案策划

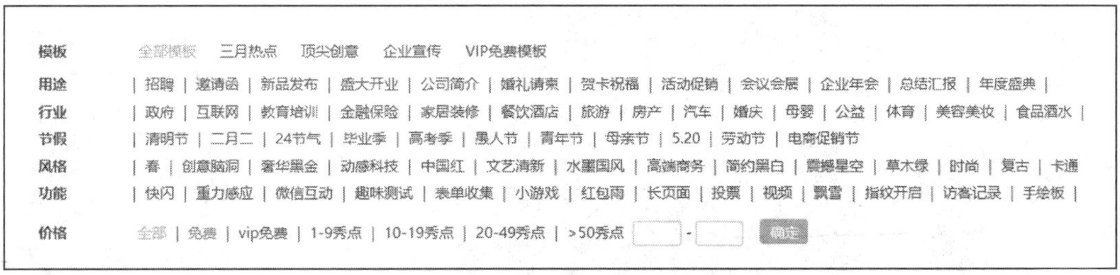

模板　全部模板　三月热点　顶尖创意　企业宣传　VIP免费模板
用途　| 招聘 | 邀请函 | 新品发布 | 盛大开业 | 公司简介 | 婚礼请柬 | 贺卡祝福 | 活动促销 | 会议会展 | 企业年会 | 总结汇报 | 年度盛典 |
行业　| 政府 | 互联网 | 教育培训 | 金融保险 | 家居装修 | 餐饮酒店 | 旅游 | 房产 | 汽车 | 婚庆 | 母婴 | 公益 | 体育 | 美容美妆 | 食品酒水 |
节假　| 清明节 | 二月二 | 24节气 | 毕业季 | 高考季 | 愚人节 | 青年节 | 母亲节 | 5.20 | 劳动节 | 电商促销节
风格　| 春 | 创意脑洞 | 奢华黑金 | 动感科技 | 中国红 | 文艺清新 | 水墨国风 | 高端商务 | 简约黑白 | 震撼星空 | 草木绿 | 时尚 | 复古 | 卡通
功能　| 快闪 | 重力感应 | 微信互动 | 趣味测试 | 表单收集 | 小游戏 | 红包雨 | 长页面 | 投票 | 视频 | 飘雪 | 指纹开启 | 访客记录 | 手绘板 |
价格　全部 | 免费 | vip免费 | 1-9秀点 | 10-19秀点 | 20-49秀点 | >50秀点　-　确定

图 3.5.7　易企秀的海量模板

活动 2　制作 H5 小游戏

活动背景

小萍不是计算机开发人员出身,不懂程序代码,通过网络她了解到有一些平台,比如"赢销＋"等都可以轻松制作 H5 交互小游戏。

知识窗

H5 是一系列制作网页互动效果的技术集合,即 H5 就是移动端的 Web 页面。而 H5 游戏,你可以看作是移动端的 Web 游戏,无须下载软件即可体验,这就是 H5 在传播上的优势。

H5 游戏的特点如下:

①H5 革新了手游模式,使游戏渠道多元化。H5 与其他游戏引擎最明显的区别就是,它可以与网页游戏一样联合运营。具体来说,H5 游戏能够植入到丰富的场景应用中并与之完美匹配。

②H5 玩法多样,更加符合用户碎片化体验移动游戏的需求和习惯。H5 游戏拥有原生性能体验,即点即玩,加上游戏体验便捷,更加符合时下玩家的需求和习惯。

③开发成本低。游戏开发者降低成本的需求强烈。游戏引擎大战爆发,对整个行业是利好的消息。为了节约成本、缩短周期和降低风险,游戏开发者需要多种多样的游戏引擎。

H5 是目前微信中更为流行的一种展示方式,一个可以满足移动端的互动小游戏。它通过音乐、图片或视频的组合呈现更立体的效果。微信的火爆带动了微信营销的崛起,H5 小游戏成为微信中体验最好的营销推广模式之一。

活动实施

"赢销＋"是游戏化、社交化 H5 营销活动制作平台,致力于通过高效的游戏化营销为中小企业商家快速带来有效流量、提升用户忠诚度、提高活动参与度,并通过专业的数据统计分析,为用户从海量数据中挖掘有价值信息。小萍选择"赢销＋"学习制作 H5 小游戏,具体操作步骤如下:

第 1 步:筛选游戏模板,如图 3.5.8 所示。

图 3.5.8　选择 H5 小游戏模板

第 2 步:替换游戏素材,如图 3.5.9 所示。

图 3.5.9　替换模板中的图和文本

第 3 步:设置奖品信息,如图 3.5.10 所示。

图 3.5.10　设置 H5 小游戏的奖品信息

第 4 步:设置分享文案,如图 3.5.11 所示。

第 5 步:一键发布,如图 3.5.12 所示。

活动评价

通过"赢销 +"等第三方 H5 小游戏制作平台,一个零技术开发背景运营人员,只需 15 min 就可以制作发布一个将互动元素与促销方法结合的 H5 营销活动,大大减少制作时间和费用,人人都可以成为营销专家。你只需要关注与营销直接相关的内容,而不需要关注技术开发工作。

合作实训

4 人为一个小组,分工合作,完成以下任务:

图 3.5.11　完成 H5 小游戏的营销文案

图 3.5.12　H5 小游戏的发布界面(示样)

（1）利用易企秀制作 3 个不同类型的活动页面，并转发到微信朋友圈，吸引好朋友转发。

（2）利用"赢销＋"制作 3 个不同类型的小游戏，并转发到微信朋友圈，邀请好朋友参与。

项目总结

　　文字、图片、音频、视频、页面是新媒体编辑经常接触的内容格式，每一个格式都对应不同的编辑工具，本项目中推荐了草料二维码制作工具、百度指数话题热度分析工具、图片搜索与处理工具、视频的拍摄与处理工具、H5 页面制作工具。掌握这些工具，可以大大减轻新媒体内容编辑人员的工作负担，但工作中一定要注意，工具是辅助，思维才是观念。

项目检测

1. 单项选择题

(1) 将线下商业的机会与互联网结合在了一起,让互联网成为线下交易的前台的商业模式是(　　　)。

    A. P2P　　　　　　　　B. O2O　　　　　　　　C. PPP　　　　　　　　D. C2C

(2) 打通 O2O 最后 1 km 的电子凭证(　　　)。

    A. 二维码　　　　　　B. 电子商务　　　　　　C. 物流　　　　　　　　D. 移动互联网

(3) 一般包括品牌故事、slogan 广告语等的文案类型属于(　　　)。

    A. 品牌文案　　　　　B. 商品文案　　　　　　C. 营销文案　　　　　　D. 广告文案

(4) 微信朋友圈发布的短视频不超过(　　　)。

    A. 10 s　　　　　　　　B. 15 s　　　　　　　　C. 20 s　　　　　　　　D. 30 s

(5) (　　　)最易用、强大的视频剪辑软件,也是国内首款全能的免费视频剪辑软件。

    A. 小影　　　　　　　　　　　　　　　B. 在线录屏 Apowersoft

    C. Camtasia Studio　　　　　　　　　D. 爱剪辑

2. 多项选择题

(1) 新媒体文案的特点有(　　　)

    A. 发布成本低　　　B. 播渠道广　　　　　C. 互动性强　　　　　D. 单向传播

(2) 常见的图片处理工具主要有(　　　)。

    A. 美图秀秀　　　　　B. Photoshop　　　　　C. 创客贴　　　　　　D. Snapchat

(3) 撰写新媒体文案是非常重要的技能,要写好文章的开头必须把握三个原则是(　　　)。

    A. 相关性原则　　　　B. 好奇心原则　　　　　C. 可靠性原则　　　　D. 标题党原则

(4) 常见的录制屏幕的软件有(　　　)。

    A. KK 录像机　　　　　　　　　　　　B. Apowersoft 录屏王

    C. Camtasia Studio　　　　　　　　　D. 会声会影

(5) 由于微信迅速地崛起,H5 语言编写的界面和微信浏览器比较兼容,迅速走红,下列可以用 H5 实现的有(　　　)。

    A. 调查问卷　　　　　B. 邀请函　　　　　　C. 互动小游戏　　　D. 企业宣传介绍

3. 判断题

(1) 彩色二维码是一种特殊的二维码,它既具有普通黑白二维码的所有功能,又能呈现出彩色的外观。　　　　　　　　　　　　　　　　　　　　　　　　　　　(　　　)

(2) 前景色必须为浅色,背景色必须为深色,否则会影响扫码软件的读取。　　(　　　)

(3) 百度识图是基于上下文本的图片搜索。　　　　　　　　　　　　　　　　(　　　)

(4) HTML5 的设计目的是在移动设备上支持多媒体。　　　　　　　　　　　(　　　)

(5) 场景秀因其酷炫的视觉、听觉双重效果,传播速度快和操作便捷等优势,受到越来越多用户的喜爱。　　　　　　　　　　　　　　　　　　　　　　　　　　　(　　　)

4. 简述题

(1)二维码可以包含哪些内容? 二维码的优点和缺点有哪些?

(2)农夫山泉的卖点是"农夫山泉有点甜",请发挥想象力,在脑海中描绘出一幅广告情景画面,并在图3.5.13中填上你认为合适的词语,简单写出理由。

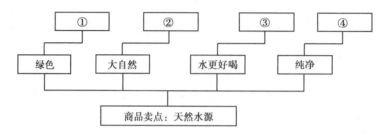

图3.5.13 为"农夫山泉"撰写文案

(3)什么是位图图像? 什么是矢量图形? 如何获取它们? 两者有何主要区别?

(4)有哪些常见的短视频平台? 说说它们的特点。

(5)列举5个常见的微信朋友圈H5交互小游戏,分析它们的营销特点。

项目 4　排版新媒体内容

项目综述

　　在新媒体时代下,内容的排版有着相当重要的作用。可以说好的内容,配合好的排版必然是锦上添花,而不好的内容,配合好的排版也能在一定程度上弥补内容的不足。如果说标题能够引导读者点开文章,好的排版就可以留住读者继续阅读,从而才会达到内容想要的效果,排版的目的是辅助阅读,使内容更容易、更有条理地被读者接收,从而更容易传达作者意图。什么样的排版能够辅助阅读呢? 总结起来大概是这几点:容易理解、可以扫读、整洁有序、段落清晰和重点突出。了解排版目的,有利于在排版实践中做到心中有"理",还可以辅助体验给读者带去愉悦、舒适的视觉享受,带来视觉体验的美感。

　　小萍在公司的宣传部工作已经有段时间了,近期公司开通了微信公众号,需要将新闻稿发布在新平台上。虽然实习工作已经让她掌握了一些新媒体编辑工具的使用方法,但对微信公众号内容的编辑仍然不是很熟悉。部门经理的要求是,在新媒体上发布内容,不但要符合规范,而且要有美感,尽可能地提升用户的阅读体验。

项目目标

　　通过本项目的学习,应达成的具体目标如下:

知识目标

➢　掌握微信后台创建图文消息的方法;

➢　掌握秀米第三方工具的使用方法;

➢　掌握新媒体平台图文排版的规范。

能力目标

➤ 能利用微信后台创建并发布图文消息；

➤ 能使用秀米第三方工具创建更加丰富的图文消息并同步到微信公众号；

➤ 能通过图文排版的规范提升用户的阅读体验。

情感目标

➤ 提升对新媒体内容排版的审美标准；

➤ 建立新媒体内容编辑者对内容排版的规范化要求。

项目任务

任务 1   掌握微信后台编辑排版

任务 2   掌握秀米第三方工具排版

任务 3   熟悉微信图文消息排版技巧

任务 1   掌握微信后台编辑排版

情境设计

很快,小萍就接到了负责公司微信公众号的宣传工作。这天上午,部门经理将小萍叫到了自己的办公室,把公司已经注册好的微信公众号账号和密码交给她,并跟她说:"公司的微信公众号刚刚建立,还没有内容,你的任务就是将近期发布在公司网站上的内容通过微信公众号再次发布,搭配适当的图片、音频和视频等素材并进行合理排版。"经理接着说:"由于刚开始在微信公众号上发布内容,要立足用户的视角,努力提升阅读体验,最好是征求一下大家的意见,搞一个投票,看看大家对微信公众号这个平台体验的满意程度。"

小萍虽然天天都接触微信公众号,也每天阅读推送的内容,但对于如何发布这些内容却感到陌生,她决定上网搜索相关内容进行学习,边尝试边学习,通过不断阅读、总结其他公众号的文章,提升自己对内容编排的审美标准。

任务分解

小萍为了完成任务,通过微信平台发布内容,并搭配适当的图片、音频和视频等素材以及进行合理的排版。首先是掌握微信平台发布图文信息的操作流程;然后对发布内容进行必要的编辑,并搭配适当的素材,接着插入投票活动来了解用户的满意程度;最后对图文信息进行相应的设置及发布。

活动 1   创建图文消息

活动背景

小萍在前面的项目中已经学习过微信公众号,它为媒体和个人提供了一种新的信息传播方式。其主要功能是通过微信平台给用户传达资讯,为企业和组织提供更强大的业务服务与用户管理能力。其运营的主体包括个人、媒体、企业、政府或其他组织。这次,她开始正式利用微信公众平台编辑文章。

知识窗

微信公众号的注册主体可以是个人,也可以是媒体、企业、政府或其他组织,个人在注册微信公众号时需要准备:一个未绑定一切微信产品的邮箱(包括开放平台、个人微信号、公众号、小程序等)、运营者身份证、运营者电话号码和已绑定运营者银行卡的微信号即可。注意:每个人只允许注册两个公众号。

微信公众号的注册及使用都可以通过其官方平台"微信公众平台"来完成,可以通过百度搜索"微信公众平台"打开平台,平台首页如图4.1.1所示。

图4.1.1　微信公众平台首页

活动实施

小萍通过浏览器进入微信公众平台首页,通过以下操作步骤完成了公众号图文消息的创建。

(1)在微信公众号首页,通过输入已有的账号和密码进行登录,进入微信后台,如图4.1.1和图4.1.2所示。

(2)查看左侧的菜单,点击"管理"→"素材管理",如图4.1.2所示。

(3)进入素材管理页面,点击"新建图文素材",如图4.1.3所示。

(4)进入新建图文消息页面,如图4.1.4所示,中心区域为图文内容编辑区。

(5)将之前公司网站发布的一篇文章输入微信图文信息编辑区域,对应标题、作者和正文,文章内容可以从本书"配套素材\项目四中"找到"【学习笔记】傅盛认知三部曲.docx",输入完成后点击"保存"按钮,即可完成图文消息的初步创建,如图4.1.5所示。

试一试

如何在一篇图文消息中增加一条图文,达到多图文的效果?

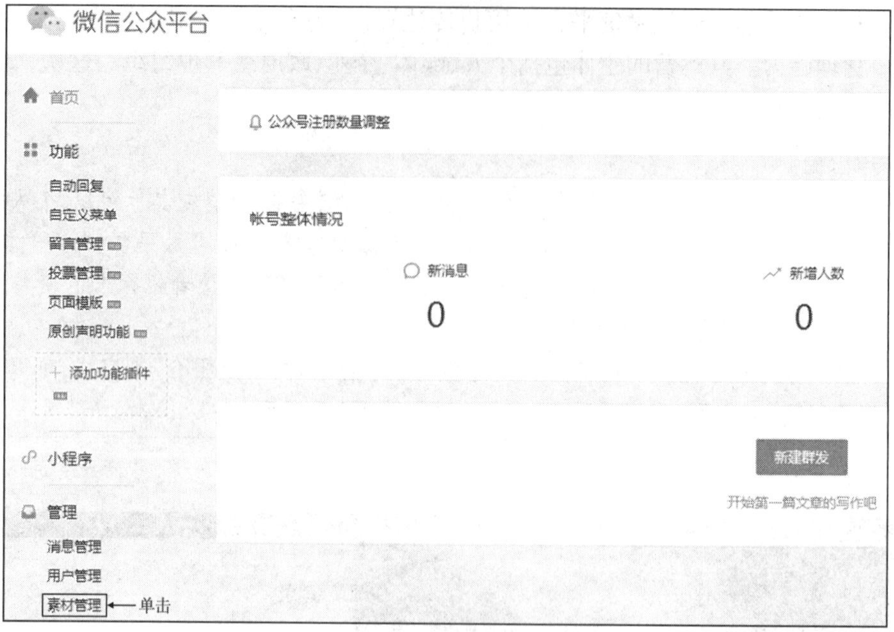

图 4.1.2　微信后台菜单

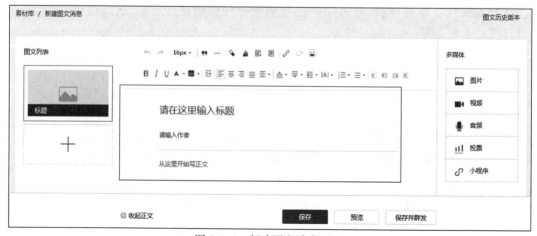

图 4.1.3　素材管理页面

图 4.1.4　新建图文消息页面

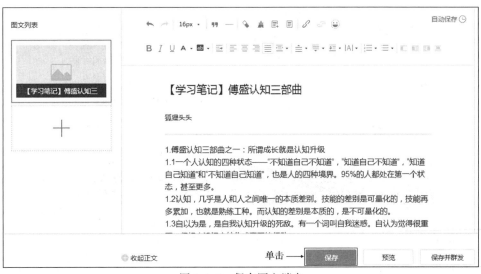

图 4.1.5   保存图文消息

活动评价

通过这个活动,小萍加深了对微信公众平台及图文消息的理解,同时掌握了在微信后台创建简单图文消息的操作流程。

活动2   使用编辑器

活动背景

上一个活动中,小萍创建了一条简单的图文消息,只输入了消息的内容,并没有对文字及段落进行排版。她在参考了一些优秀公众号的文章后,决定尝试着对自己创建的图文消息进行编辑排版。所谓云想衣裳花想容,写文章也讲内容与形式,做微信公众号等新媒体仅生产内容还不够,编辑排版也非常重要。

知识窗

不规范的排版不仅仅让阅读者无法抓住文章主旨和重点,还会产生视觉疲劳,最终放弃阅读。如图 4.1.6 所示,左图太过密集,颜色、标点符号过多,重点不突出,而右图则字号大小差异过大,段落对齐方式不统一。

规范美观的排版一般都是字体大小适当、段落样式统一以及文字颜色不超过 3 种,如图 4.1.7 所示。这样的排版简洁美观,更适合阅读。

微信后台提供了简单而实用的编辑器,可以对图文消息中字体、字号、字形、字体颜色、背景颜色、对齐方式、段落格式等进行编辑设置,如图 4.1.8 所示。

如果您想以后还能免费看到如此精彩的文章,请点击本文标题和第一张图片之间的蓝色字"　　"→再点击:关注.完全是免费订阅,请放心关注.

【分享】"最大的自私就是无私"。当你将有价值的信息,递给身边的朋友时,你在他们的心里会变得更有价值。

【新朋友】请点击上文题目下蓝色小字"　　",再点　　击绿色键"关注",即可不断免费收阅.

【老朋友】如果你喜欢此文就点击右上角分享到朋友圈,愿我们健康快乐每一天。

图 4.1.6　不规范的排版

引言

春节假期结束了,习惯了假期里的聚会、旅行,是时候收收心,将生物钟调整到"工作模式"了。

这份收心书单,送给你。十本投资回报率超高的好书,助你快速调整状态,以更专业的姿态回归工作岗位,开工大吉。

1.《巨人的工具》/ 蒂姆·费里斯

「得到」专栏《精英日课》主理人万维钢解读。本书的作者是连续创业者、天使投资人蒂姆·费里斯,他在采访了近两百位各领域的一线大牛后,将访谈内容结集成书。

1983年,南非,比勒陀利亚。

一个男孩拿着自己编程做出的一款太空主题的像素游戏,以500美元的价格卖给一家公司。在那个时候,他并不会想到,在遥远的未来,自己将带领人类实现探索太空的大突破。

男孩叫埃隆·马斯克,那时候他只有12岁。3年前,他的母亲和父亲离了婚,带着他的妹妹去了遥远的加拿大。

小马斯克生性内向,离开母亲的他只能把全部的注

图 4.1.7　规范美观的排版

图 4.1.8　微信后台编辑器

活动实施

小萍继续通过微信公众平台登录后台页面,大致浏览了编辑器的各项功能名称,如图 4.1.9 所示,并通过以下操作步骤完成了图文消息的文字排版。

第 1 步:为避免内容输入时对原有格式的干扰,先使用编辑器"清除格式"命令将图文消息内容部分格式清除,将内容部分全部选中,点击编辑器清除格式命令。

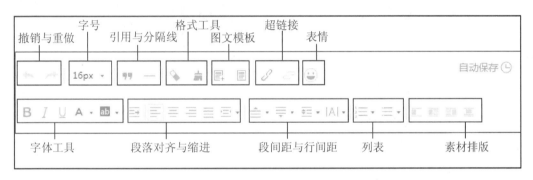

图 4.1.9　编辑器的各个功能

第 2 步:将内容文字大小调整为 15 px,文章内容分为三节,为了突出章节标题,小萍将每一节标题文字大小调整为 16 px,并加粗,同时为了点缀标题,将每一节标题前的标号数字大小调整为 24 px,并更改字体颜色为橘黄色(#ff4c00)。为了简化操作,小萍在调整好第一节标题后还用了格式刷工具,对第二、三节标题进行调整,调整好的效果如图 4.1.10 所示。

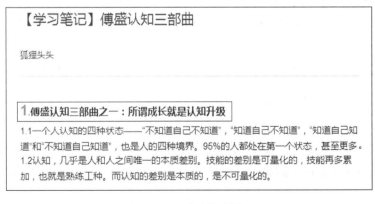

图 4.1.10　内容标题设置

第 3 步:为了提高内容的可读性,小萍经过多次尝试调整,最后将文章内容调整为两端对齐,两端缩进 16 个单位,行间距调整为 1.5,同时段落之间增加一条空行,在每一节内容结束后插入一条分隔线。

第4步：文章内容1.4后引用了傅盛的一段话，所以小萍将这段加引号的文字选中，添加引用。

第5步：为了考虑到读者在阅读文章内容时，可以方便地查看全文，小萍在文章中添加超链接，选中文章每一节中最后一段"点击阅读……"，点击超级链接，弹出"编辑超链接"对话框，选择链接输入方式为"查找文章"，在公众号中输入"盛盛GO"，点击"搜索"，找到名为"盛盛GO"的公众号，如图4.1.11所示。

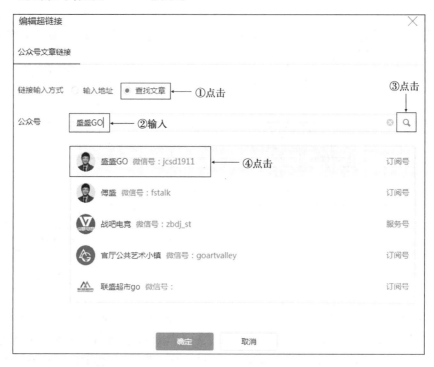

图4.1.11　编辑超链接页面

第6步：在跳转的页面中，找到第二页，在相应的文章前点击选择，最后点击"确定"按钮即可完成超链接的添加，同样的操作可以完成文章中其他超链接的添加，如图4.1.12所示。

试一试

微信后台编辑器还提供了一些其他功能，它们该如何使用呢？

第7步：点击"保存"按钮，完成图文消息的排版。

活动评价

通过这个活动，负责公司微信公众号宣传工作不久的小萍了解到微信后台编辑器的使用方法，可以轻松完成对图文消息的部分排版，并可以像网站链接那样对微信图文信息进行内容的链接。

图4.1.12　添加超链接

活动3　插入素材

活动背景

小萍在完成图文消息的排版后,依然感觉内容不够丰富、排版不够美观,于是她在参考了众多优秀公众号的文章后,决定使用图片、音频和视频来丰富自己的图文消息。

知识窗

经过数据研究发现,添加了图片的微信公众号的文章转发率要高于纯文字的文章。图片、音频及视频不但丰富了内容,更好地辅助阅读,而且帮助文章内容的表达,让读者更容易接受文章要表达的意图,带来不一样的视听感受。可以说图片等素材是微信图文中不可或缺的,别具一格的素材搭配可以立即让你的公众号与众不同。

微信后台默认的素材包括图片、语音(即音频)和视频,图文消息也被算作是一种素材,图片素材的应用可以分为封面图和文章配图,封面图又可以分为一级封面和二级封面,关于封面的设置将在活动5中介绍。

插入素材的方法一般有两种:第一种是通过微信公众平台首页,点击左侧素材管理,进入素材管理页面,在相应的素材分类下可以插入相关素材,如图4.1.13所示;第二种则是在新建图文消息页面(即图文消息编辑页面)右侧选择相应的素材类型,也可以插入素材,如图4.1.14所示。

图4.1.13　素材管理页面

图4.1.14　在图文消息页面插入素材

　　不管是哪一种方法插入的素材,都存放在了素材库里。第二种方法插入的素材可以直接放入图文消息中。素材库提供了素材的分组管理,便于素材多次使用时方便快捷,养成良好的素材管理习惯是新媒体编辑岗位的职业要求,将大大提高编辑效率。

活动实施

　　小萍在网上搜索了相应的素材,继续通过微信公众平台的后台页面,通过以下操作步骤完成了素材的插入与排版。

　　第1步:为了便于素材的管理,小萍在插入图片素材前先建立图片素材分组,进入素材管理页面,选择图片,点击"新建分组",在弹出的对话框中输入"人物",再点击"确定"按钮,如图 4.1.15 所示,用同样的方法建立文章配图。

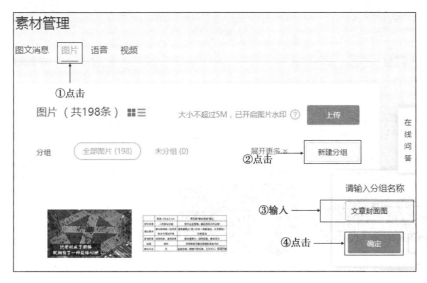

图 4.1.15　图片素材管理

第 2 步:建立好分组后就可以上传图片素材了。素材可以在本书"配套素材\项目 4"中找到,点击新建立的"人物"分组后,点击"上传"按钮,上传"傅盛 1"和"傅盛 2"两张图片,可以分别上传,也可以全选中一次性上传,如图 4.1.16 所示。如果需要修改分组名称或者删除分组可以在选择相关分组后进行操作。

图 4.1.16　上传图片素材

第 3 步:上传完成的图片会出现在相应的分组中,点击图片可以选择删除或者移动分组的操作,素材可以通过多选来完成批量操作,点击删除图标可以批量删除,如图 4.1.17 所示。插入"配套素材\项目 4"中的两张人物图片后,用同样的方法在默认分组"文章配图"中插入"四种认知状态"图片素材。

第 4 步:选择图文消息,找到之前创建的图文消息,点击"编辑"按钮,可以再次进入图文消息编辑页面,在图文消息编辑页面将正文第一段前留出一行空行,并将鼠标光标指向该行,点击右侧的"图片"。

第 5 步:在弹出的页面中,选择"文章配图"分组,选择"三部曲 1"这张图片,再点击"确定"按钮即可在相应位置插入图片素材,如图 4.1.18 所示。插入后的图片会出现在文章的正文中,选择图片后,通过编辑器可以对插入的素材进行左浮动、右浮动和居中的排版,这里保持默认设置即可。用同样的方式在文章 1.1 内容后插入图片"四种认知状态",完成后在图文消息页面点击"保存"按钮。

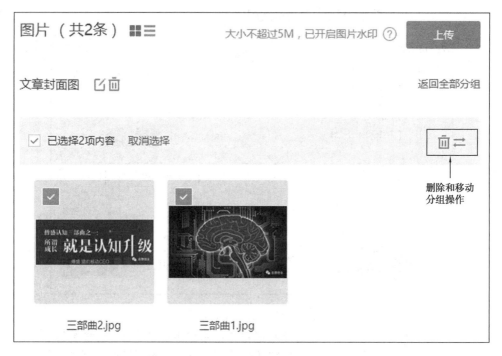

图4.1.17 素材批量操作

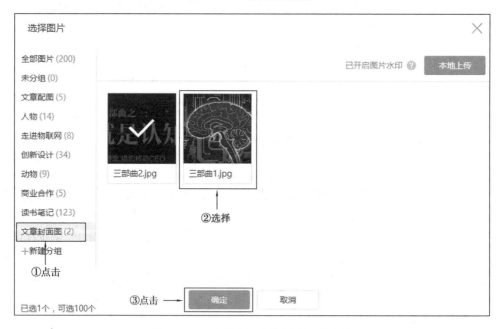

图4.1.18 在图文消息中插入图片素材

第6步:完成配图素材的插入后,小萍按照同样的方法准备插入文字朗读音频,音频可以在本书"配套素材\项目4"中找到,在微信后台页面中选择素材管理,点击"语音",点击"添加",在弹出的页面中输入音频的标题"[学习笔记]傅盛认知三部曲",分类选择"教育",点击"上传文件",找到素材"[学习笔记]傅盛认知三部曲.原文阅读.mp3",等待上传和转码完成后,点击"保存"按钮,如图4.1.19所示。

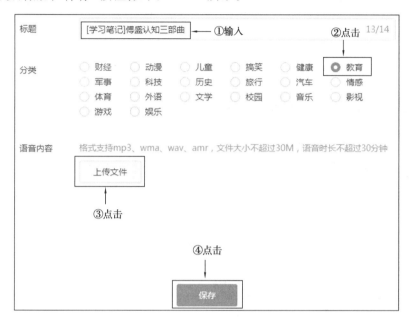

图4.1.19 音频素材的添加

第7步:再次编辑图文消息。将内容正文的第一段前留出一行空行,并将鼠标光标指向该行,点击右侧"音频",在弹出的页面中选择之前上传的音频素材,再点击"确定"按钮即可完成音频素材的添加,点击"保存"按钮完成图文消息的保存。

第8步:完成音频素材的插入后,小萍准备继续插入一个视频素材,视频可以在本书"配套素材\项目4"中找到。在素材管理页面中选择视频,点击"添加",在弹出的页面中点击"上传视频",选择"老友记傅盛对话尤瓦尔·赫拉利.flv"点击"确定"按钮,标题输入"老友记傅盛对话尤瓦尔·赫拉利",分类选择"人物访谈",标签按回车键分别输入"傅盛""老友记"和"人物访谈",介绍语输入"该视频是一段介绍'老友记傅盛对话尤瓦尔·赫拉利'的宣传资料",在页面下方勾选"我已阅读并同意《腾讯视频上传及服务规则》",最后点击"保存"按钮完成视频素材的上传,如图4.1.20所示。刚上传的视频素材需要经过审核,等待审核。

试一试
在微信后台图文消息中插入腾讯视频中的视频素材,该如何操作呢?

第9步:视频素材审核通过后,在图文消息编辑页面,将光标放置在正文的最后一行,点击右侧"视频",在弹出的页面中选择刚才上传的视频素材,点击"确定"按钮即可完成视频素材的插入,点击"保存"按钮完成图文消息的保存。

活动评价

通过这个活动,小萍进一步掌握了微信后台素材的管理,可以轻松完成图片、音频及视频素材的插入操作。

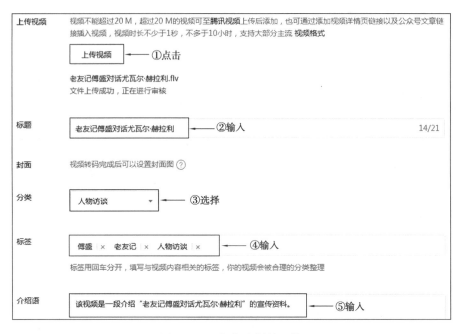

图4.1.20　视频素材的上传

活动4　插入投票活动

活动背景

小萍在负责公司微信公众号宣传工作的时候,部门经理要求她征求一下大家的意见,以投票的形式看看大家对微信公众号这个平台体验的满意程度。小萍通过这段时间对微信公众平台的了解,决定在创建的图文消息中插入一个投票活动来获取阅读者的意见。

知识窗

目前来看,微信公众平台是一个非常好的移动互联网内容制造、传播和分发平台。公众号的运营者可以通过不断创造优秀的内容,聚集大量属于自己的用户群体。微信庞大的用户群,再加上朋友圈、微信群的社交传播属性为这种聚集提供了天然的便利。然而微信公众号发展到现在,早已不是起个好名字扔在那每天都增长几百粉,也不是随便找文章编辑一下发送这么简单了。除了内容,活动运营变得越来越重要,特别对于那些内容本身没有优势的,更加要做活动。说到微信公众号活动,那肯定就得说到微信投票活动了,这是公众号活动中最常见、最容易操作,效果也是相当好的一个活动。

投票功能是对阅读者有关于比赛、活动、选举等进行意见收集,例如:××宝宝大赛,可以提供参赛者信息给阅读者参与投票,微信后台提供插入投票活动的功能,可以插入多问题的投票活动,投票方式包括单选和多选两种,选票也可以使用图片来展示,目前微信自带的投票活动仍然比较单一,如图4.1.21所示。微信相比一些第三方平台可以提供效果、功能都比较丰富的投票活动,如有娱、51微投票等,效果如图4.1.22所示。

图 4.1.21　微信自带投票活动的效果

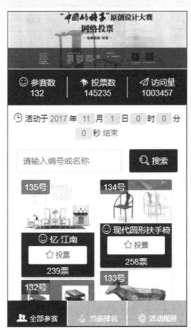

图 4.1.22　第三方平台投票活动的效果

　　微信后台提供的投票活动插入方法与插入素材类似,也可以通过首页左侧的"投票管理"和图文消息编辑页面右侧的"投票"两种方法来完成。

活动实施

　　在策划完成微信投票活动的问题后,小萍开始尝试着在微信公众平台的后台页面,通过以下操作步骤完成投票活动的创建与插入。

第 1 步:在微信公众平台首页左侧点击"投票管理",再点击"新建投票",就可以打开新建投票页面。

第 2 步:在新建投票页面中的投票名称后输入"公司微信公众号征求意见投票",并设置一个截止时间,如图 4.1.23 所示。

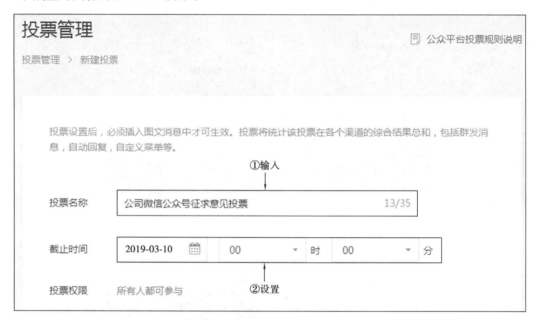

图 4.1.23　新建投票页面(上半部分)

第 3 步:在问题的标题中输入图 4.1.24 中第一个投票问题,选择方式选择"单选",分别在选项中填入投票选项,如图 4.1.24 所示。

第 4 步:点击"＋添加问题"增加一个投票问题,输入图 4.1.24 中第二个投票问题,选择方式选择"多选",分别在选项中填入投票选项,可以通过选项下方的加减符号增加和删除选项。

第 5 步:完成投票问题的输入后,可以点击页面下方的"预览",用手机扫描生成的二维码来查看投票活动的效果,完成后,点击"保存并发布",发布后的投票活动不可以再次编辑。在投票管理中选择创建的投票,点击"详情"可以查看投票结果。

第 6 步:在图文消息编辑页面,将鼠标光标置于正文最后,点击右侧的"投票",在弹出的页面中选择之前创建的投票活动,点击"确定"按钮即可,将投票插入图文消息中,最后点击"保存"按钮。

图 4.1.24 新建投票页面(下半部分)

试一试

如何在微信投票活动中用图片代替选项呢?

活动评价

通过这个活动,小萍提高了对投票活动的策划能力,同时掌握了微信后台创建投票活动以及将投票活动插入到图文消息中的方法。

活动 5 设置图文消息

活动背景

一篇完整的图文消息在经过创建、编辑排版及插入素材等操作后,还需要设置其是否有原文链接、是否声明原创以及为图文消息配置一张精美的封面和简单明了的摘要,便于阅读者在浩瀚的文章海洋中寻找自己感兴趣的内容。刘经理告诉小萍,在这样一个看"颜值"的时代,封面对于阅读者来说也扮演着重要的角色。

知识窗

一个熟练的新媒体编辑工作者,经常可以快速地完成文章内容的编辑工作,并且保持风格统一。一个公众号其图文消息的风格也将会是它的品牌形象之一,制作精美又别具一格的排版常常会给阅读者留下深刻的印象,便于公众号的推广。微信后台提供了生成"图文模板"的功能,可以便于新媒体编辑工作者快速创建风格统一的图文消息。

微信订阅号规定每天只能向订阅用户推送一次图文消息,即群发一次文章,这就要求运营者创作或者甄别最有价值的文章,当然可以通过多图文消息,一次性向订阅用户推送多条图文消息。

活动实施

小萍在编辑完成第一篇图文消息后,通过以下操作步骤完成了图文消息的设置及多图文消息的创建。

第1步:在图文消息编辑页面下方,在原文链接处勾选,在百度贴吧中搜索"傅盛认知三部曲",找到相关页面后复制页面链接地址,接着在下方的输入栏中粘贴链接地址,如图4.1.25所示。

图 4.1.25　设置图文消息

第2步:点击声明原创,在弹出的页面中点击"下一步"按钮,作者一般会自动设定为本图文消息的作者,文章类别选择"教育培训",如图4.1.26所示。

第3步:封面选择从图片库中选择,之前在活动3中已经插入了封面图片素材,在弹出的页面中选择"人物"分组,选择"傅盛1"这张图片,再点击"下一步"按钮。

第4步:由于微信图文消息对封面图片大小的要求是900像素×500像素,而小萍上传的这张封面图片并不满足像素要求，于是在接下来的操作步骤中需要对图片进行裁剪，在图片展示中拖动裁剪框来选中需要保留的部分，点击“完成”按钮，即可设置完成图文消息的封面图片，如图 4.1.27 所示。

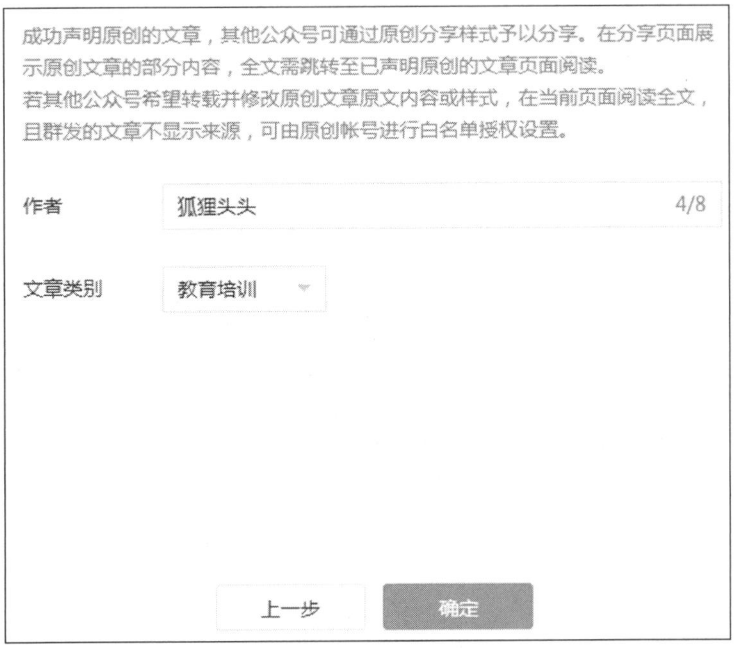

成功声明原创的文章，其他公众号可通过原创分享样式予以分享。在分享页面展示原创文章的部分内容，全文需跳转至已声明原创的文章页面阅读。
若其他公众号希望转载并修改原创文章原文内容或样式，在当前页面阅读全文，且群发的文章不显示来源，可由原创帐号进行白名单授权设置。
作者
狐狸头头
4/8
文章类别
教育培训
上一步
确定

图 4.1.26　声明原创

选择图片
1 从素材库选择封面
2 裁切封面
剪裁封面
预览封面
图文封面（2.35:1）
你的星标、常读用户将在订阅号消息列表里，看到此封面。
图文封面（1:1）
其他用户将在订阅号消息列表里，看到此封面。
可选择一个尺寸的封面单独裁剪
2.35:1
1:1
上一步
完成

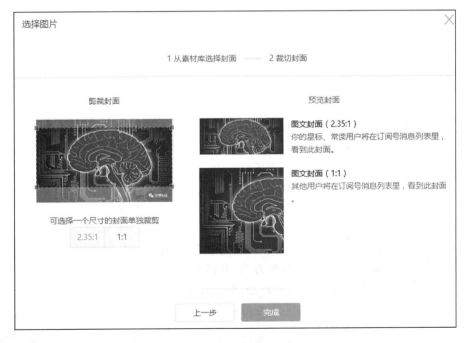

图 4.1.27　封面图片的设置

第 5 步：在图文消息编辑页面下方的摘要处输入“对《傅盛认知三部曲》学习的学习笔

记",接着点击"保存"按钮。

第6步:为了在今后的工作中快速创建风格统一的图文消息,小萍选中图文消息内容部分中完整的一节,点击编辑器上的"添加图文消息模板",在弹出的页面中输入模板名称为"风格一",再点击"保存"按钮,如图4.1.28所示。在今后创建图文消息时便可以直接使用编辑器上的"插入图文消息模板"来快速创建风格统一的图文消息。

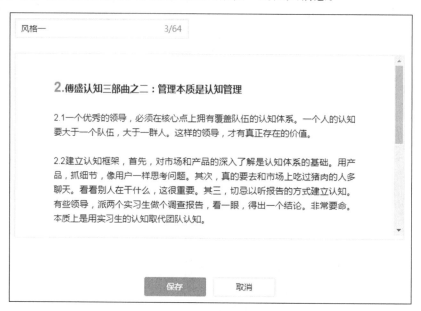

图4.1.28　添加图文消息模板

试一试

分析微信图文消息最多支持多少条图文消息。

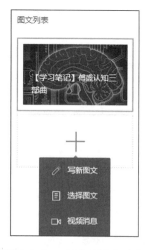

图4.1.29　创建多图文消息

第7步:由于微信订阅号有每天只能推送一次图文消息的限制,但可以通过多图文消息完成多条文章的推送。点击图文消息编辑页面左侧图文列表下的加号便可以创建多图文消息,其他图文消息可以像之前一样从头到尾编辑一条图文消息,也可以引用微信平台中其他公众号的原创文章,如图4.1.29所示。小萍第一次创建图文消息,希望添加一些其他微信公众号优秀的文章,于是她点击"分享图文",在弹出的页面查找文章中输入"红海行动",在搜索结果中选择"高哥影视"公众号发表的"林超贤军旅反恐《红海行动》"文章,点击"确定"按钮,如图4.1.30所示。最后点击"保存"按钮。

活动评价

通过这个活动,小萍掌握了微信后台对图文消息的设置,以及添加图文消息模板和创建多图文消息的方法。

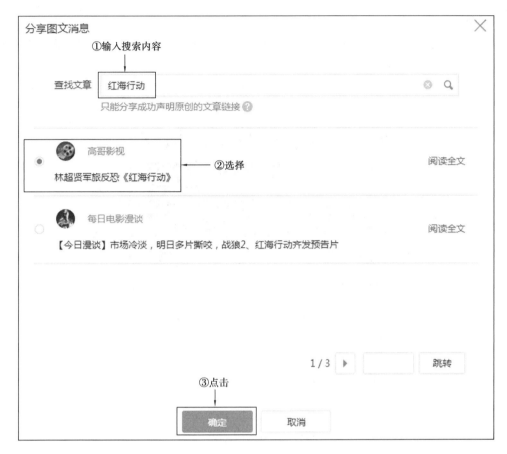

图 4.1.30　分享图文

活动 6　发布图文消息

活动背景

小萍已经完成了图文消息的制作,非常高兴,迫不及待地想要将自己创建的图文消息推送给订阅用户,由于缺乏经验,她又怕出错误,于是静下心来,准备用微信后台提供的预览功能做最后的检查。

> **知识窗**
>
> 在完成所有图文消息的前期制作后,最后一步就是将图文消息发布出去,也就是群发给订阅的用户们。微信订阅号每天只能向用户推送一次图文消息,并且一旦推送将无法撤销操作,那么如何检验图文消息的效果呢?微信后台提供了丰富的预览功能,不仅可以在计算机浏览器中模拟预览,还可以发送到手机端进行预览。在发布图文消息前进行充分的预览以防止不必要的错误,既是对订阅用户的尊重,也是职业的必备素养。通过反复预览,不断修正,尽最大努力提高图文消息的质量,是新媒体编辑从业者的必修课。

活动实施

小萍不断尝试后台预览,对其中的细节加以修正,通过以下操作步骤完成了图文消息的预览和修改,最终完成图文消息的发布。

第1步:打开图文消息编辑页面,在页面的最下方点击"预览",预览界面如图4.1.31所示。

图4.1.31　浏览器预览图文消息

第2步:分别点击左侧的"图文消息""消息正文""分享到朋友圈"和"发送给朋友"进行预览,仔细检查其中的问题并加以修正。

第3步:点击左侧"发送到手机预览",在弹出的页面中输入想要发送到的手机,可以是微信号、QQ号或者手机号,如图4.1.32所示。输入完成后点击"确定"按钮。

第4步:接着就可以在手机上预览到图文消息的效果了,如图4.1.33所示。通过手机端预览,再次仔细检查其中的问题并加以修正。

第5步:小萍检查无误,关闭预览视图,点击图文消息页面最下方的"保存并群发"。在弹出的页面中可以选择群发的对象、性别以及群发地区,这里保存默认状态即可,接着点击页面最下方的"群发"按钮,即可完成图文消息的发布,如图4.1.34所示。

试一试

平时浏览微信公众号所发布的图文消息时还有哪些常见的功能? 它们又是如何实现的呢?

活动评价

通过这个活动,小萍完成了图文消息的预览、修正及发布,已经能够胜任公司微信公众号的宣传工作了。大家可以通过扫描下方二维码,关注公众号来查看本任务中最终发布的图文消息效果,如图4.1.35所示。

图4.1.32 发送到手机预览

图4.1.33 通过手机端预览图文消息

合作实训

4人为一个小组,分别完成以下任务:

(1)开通一个微信公众平台,小组讨论,头脑风暴,选择一个主题,完成设置。

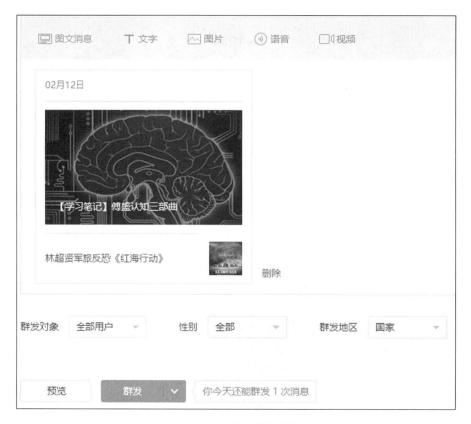

图 4.1.34　新建群发消息

图 4.1.35　图文消息效果(示样)

（2）设置全部成员为微信公众号运营人员，都可以通过账号和扫描登录。

（3）每位同学利用微信编辑器完成一篇单图文消息和一篇多图文消息，要求使用微信公众号后台的全部功能，包括插入音频、视频、投票等。

任务 2   掌握秀米第三方工具排版

情境设计

小萍负责公司微信公众号的宣传工作已经一段时间了。她学习了如何通过微信公众号来发布图文消息,但每次发布消息时,小萍都对图文消息的排版大伤脑筋。好的排版具有美感,让读者看起来舒服,能帮助读者分辨文章内容,决定文章的可读性和阅读体验。微信公众号平台自带的编辑器可以实现对图文消息的基本排版,做出简洁干净的图文排版,但要想做出更多美化的、特别的样式效果,应该怎样实现呢?

任务分解

为了完成本次任务,小萍通过搜索网上资料自学,利用秀米第三方工具编辑和发布图文消息,首先创建图文消息,掌握图文布局的排版,编辑保存图文消息,然后将消息发布到微信平台和其他新媒体平台。

活动 1   创建秀米图文消息

活动背景

小萍通过上网搜索发现用第三方编辑排版工具就是一个很好的方法。目前常用的微信公众号排版工具有秀米编辑器、i 排版、135 编辑器等,这几个工具各有优劣,通过比较,小萍决定使用秀米编辑器第三方排版工具。

> **知识窗**
>
> 秀米编辑器是微信图文排版和 H5 场景制作的平台。它能提供丰富多彩的模板设计以及便利的操作体验,让你能快速制作出如报纸杂志般精美的版面。
>
> 秀米编辑器有以下优点:
>
> (1)界面美观,简单易操作。
>
> (2)模板资源非常丰富,样式更新速度快。
>
> (3)秀米编辑器不但可以复制排版好的内容,而且还可以直接同步到微信公众平台,但前提是要先绑定你的微信公众号。
>
> 当然,秀米编辑器也有一个缺陷,就是编辑页面太窄。如果编辑的内容很长,排版会显得很吃力。

活动实施

小萍利用百度找到了秀米官方网站,通过以下操作步骤顺利完成了第一个秀米图文消息的创建。

第 1 步:打开计算机中的浏览器,输入秀米网址,进入秀米主页,如图 4.2.1 所示。

第 2 步:打开网页后,点击右上角的"登录"来登录自己的账号,有 3 种登录方式可供选

图4.2.1　秀米网首页

择。登录后在首页中单击"图文排版"里的"新建一个图文"按钮,进入图文编辑界面,如图
4.2.2所示。

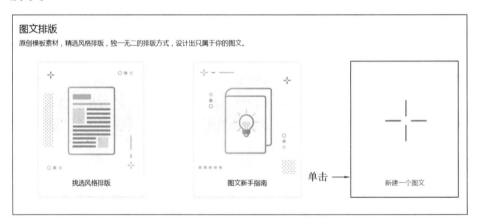

图4.2.2　单击"新建一个图文"按钮

第3步:出现图4.2.3所示的页面,说明已经新建了一个图文消息,图文编辑页面大体
分为4部分。

(1)区域1:图文编辑区,上半部分是编辑标题和文章摘要部分,图片区域可以放置封面
图片。下半部分是编辑文章的正文部分。

(2)区域2:素材区,包含了设计所需的模板、布局和图片等素材。

● "图文模板"里有各式各样的模板,当找到所需的模板后,直接鼠标左键单击它,即可
添加至中间的编辑区使用了。

● "我的收藏"里是自己收藏的模板、布局等工具。

● "剪贴板"的作用是将文字内容复制到剪贴板,再将其点击或拖动到编辑区使用。

● "我的图库"就是上传图片的地方,上传图片后,点击图片,图片就会自动添加至编
辑区。

(3)区域3、区域4:均为常用工具栏。在区域3中最常用的就是"撤销"工具,当你编辑

图 4.2.3　图文编辑页面

出错的时候,可以用"撤销"回到上一步操作。在区域 4 中,第 1 个按钮是"打开图文"按钮,可以打开已有的图文;第 2 个是"预览"按钮,预览编辑图文的最终效果;第 3 个按钮是"保存"按钮。第 4 个按钮是"复制到微信公众号"按钮,可以将编辑好的图文消息复制到微信编辑平台;第 5 个按钮是"其他操作"按钮,包括新建一个图文、导入 Word 文档等。

第 4 步:编辑封面。在图文编辑区上半部分输入标题、摘要。选中封面图片区域,单击素材库中"我的图库"中所需图片,添加封面图片,如图 4.2.4 所示。

图 4.2.4　编辑封面

第 5 步:编辑正文。首先编辑标题部分,在"图文模板"中单击"标题",选择合适的标题模板,输入标题文字,并在格式工具栏中修改相应格式。如本例中,小萍将标题字号设置为 24,加粗,如图 4.2.5 所示。

在标题下面的虚线框中将正文内容复制进来,并设置相应格式。如本例中,将正文第一行的"2018.02.06　麦芽咨询"字号设置为 10,浅灰色,其他正文字号为 18,黑色,设置首行缩进,如图 4.2.6 所示。

在正文第一段前插入图片。将光标放在"女性推动着当前世界发生变革"前,单击"我的图库"中所选图片,图片就插入光标所在位置,如图 4.2.7 所示。

图 4.2.5　编辑标题

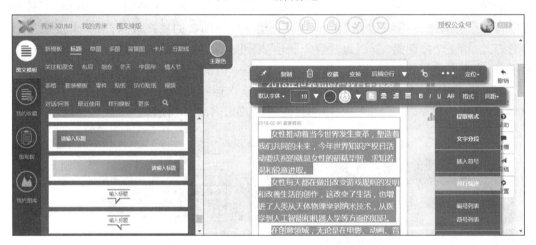

图 4.2.6　编辑正文

图 4.2.7　插入图片

第6步:保存并预览。单击"保存"按钮,保存创建好的图文。单击"预览"按钮,查看创建的图文效果。

小萍完成图文消息的创建后,对秀米做了进一步研究:秀米能不能在图文编辑中添加视频、音频和超链接呢? 小萍做了以下尝试,操作步骤如下:

①设置超链接。选中正文图片,单击工具栏中的"前插空行",在图片前插入一行空白行,输入"关注麦芽咨询官网",选中该文本,单击"点击动作"按钮,设置超链接,如图4.2.8和图4.2.9所示。

链接类型有3种:网页链接、电话号码、提交表单,这里选择"网页链接"。

图4.2.8 前插空行

图4.2.9 设置超链接

②添加视频。选中正文图片,单击工具栏中的"前插空行",在图片前插入一行空白行,将光标插入该行中,单击"图文模板"中的"视频"标签,选择一个视频模板,就将该视频模板插入到光标所在位置,在视频工具栏中输入相应视频通用码,就将视频添加完毕,如图4.2.10所示。

活动评价

通过本次活动,小萍对秀米编辑器有了基本的了解,能够快速地创建简单的图文消息,

图 4.2.10　添加视频

并向消息中添加图片、视频等素材。

活动2　选择图文布局版式

活动背景

图文排版在视觉设计中非常重要,甚至超过了单纯的文字描述。小萍在秀米工具中,通常采用工具提供的模板来设计图文样式,但固定的模板很难符合设计需求,于是她请教刘经理,刘经理告诉她这里需要用到布局模板进行自由的排版。

知识窗

秀米图文排版属于结构化编辑方式,因此每一个模板组件都可以看作是一块积木随意移动位置。而布局则是划分版面的框架,有了框架,模板组件才能有序地排列组合。

秀米有三种布局,分别为基础布局、滑动布局(分为横滑、竖滑两种)和表格布局。这三种布局都有各自对应的工具条,区分这些工具条,可以根据在最左边的属性显示区分其功能特性。

活动实施

小萍用账号登录秀米网站,利用布局模板按照以下操作步骤完成了一个图文版头的编辑。

第1步:选择布局模板。打开秀米的编辑页面,首先插入一张图片,然后单击"图文模板"→"布局"选项,选择需要的布局模板。小萍选择了三个一排的布局模板,因为布局框的宽度可以手动调整,所以只要是三个一排的,选择哪一个都可以。此时,布局模式被自动打开了,如图 4.2.11 所示。

第2步:在"快速插入正文或编辑文案到此"的编辑框中,输入文字"时光如水",点击编辑框外区域,结束输入,然后把文字拖到相应的布局框中。将另两段文字也拖到相应的布局框中,如图 4.2.12 所示。

第3步:将前两个布局框的文字变为竖排文字,选中文字,点击"格式"中的"竖排文字(由左至右)",如图 4.2.13 所示。

图 4.2.11   选择布局模板

图 4.2.12   输入文字

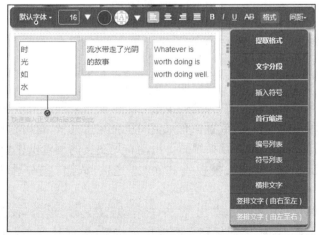

图 4.2.13   设置竖排文字

第4步：调整文字的位置。选中整个布局框，单击"定位"，在段前距中设置"180"（注意：段前距中设置负数代表向上移动，正数代表向下移动），如图4.2.14所示。然后反复打开、关闭布局模式，来进一步调整文字的位置，因为关闭布局模式的效果才是在手机中呈现的效果。设置文字的颜色为红色，加粗，选中布局框，单击布局工具栏中对齐按钮，选择"向下对齐"，如图4.2.15所示。

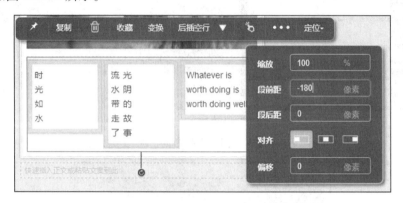

图4.2.14　调整文字位置

图4.2.15　向下对齐

第5步：调整布局框的宽度。选中布局框，修改布局工具栏中的宽度值。三个布局框的总宽度不能超过99%，如图4.2.16所示。然后单击"定位"中的居中对齐，如图4.2.17所示。

第6步：保存图文并预览。预览效果如图4.2.18所示。

小萍完成了基本布局的练习后，又进一步研究了滑动布局和表格布局的图文编辑。

滑动布局一般用在内容较多，放置在有限空间里会觉得冗长，这时候可以用滑动布局将内容隐藏起来，之后阅览用滑动来切换视图。滑动布局图文的编辑操作步骤如下：

（1）新建一个图文，单击"图文模板"→"布局"选项，选择"左右滑动布局"模板，如图4.2.19所示。

（2）设置滑动序列。选中布局框，出现"左右滑动"工具栏，单击"设置滑动序列"，如图4.2.20所示。在图4.2.21中，将鼠标移入线框指示位置，鼠标移到右上角会出现垃圾桶标

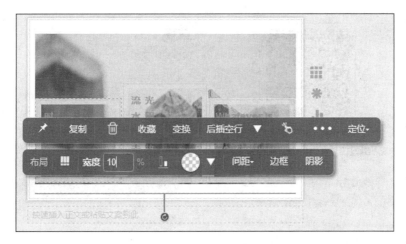

图 4.2.16　调整布局框的宽度

图 4.2.17　布局框居中

志,单击后将选定的文本序列删除,接着添加滑动序列,从"我的图库"中加入图片序列,如图 4.2.22 所示。

(3)关闭布局模式,拖动滚动条查看效果,如图 4.2.23 所示。

表格布局与基础布局、滑动布局不同的地方,在于表格的每一列高度都相等,所以在制作表格的时候可以用表格模板。表格布局图文的编辑操作步骤如下:

(1)新建一个图文,单击"图文模板"→"表格"选项,选择适合的表格模板,如图 4.2.24 所示。

(2)添加删除行或列。选中一个单元格,出现"表格单元"工具栏,单击"表格单元"后面的按钮,添加删除行和列,如图 4.2.25 所示。

图 4.2.18　预览效果

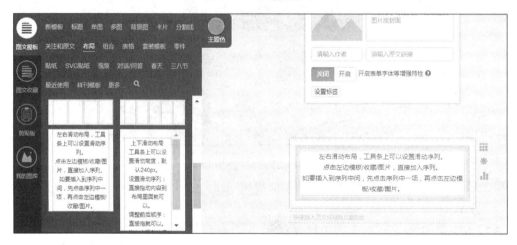

图 4.2.19　选择"左右滑动布局"

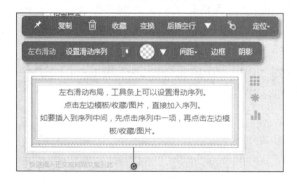

图 4.2.20　单击"设置滑动序列"

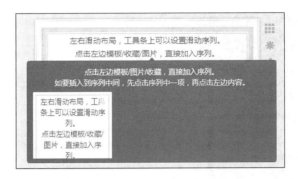

图 4.2.21 删除滑动序列

图 4.2.22 添加滑动序列

图 4.2.23 拖动滚动条查看效果

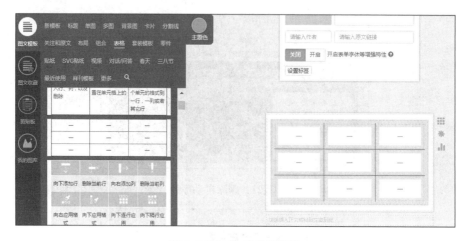

图 4.2.24　选择表格模板

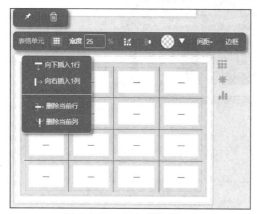

图 4.2.25　添加删除行/列

姓名	年龄	等级
网易	15	LV5
百度	18	LV3
华为	22	LV8

图 4.2.26　表格布局效果图

（3）输入文字，调整格式，效果如图 4.2.26 所示。

试一试

怎样调整格式令你的表格更美观？

活动评价

通过这个活动，小萍提高了编辑秀米图文的水平，可以利用布局制作出更加灵活多样、充满创意的图文效果。

活动3　编辑和保存图文消息

活动背景

有时候我们会遇到这种情况，需要修改已有图文的版式或文字内容，或者在已有模板的基础上创建自己所需要的图文效果。小萍就遇到了这种情况，经理要求她用微信公众号为某培训机构的明星讲师做宣传。小萍总是感觉自己通过秀米设计的图文不那么美观，达不到宣传效果。所以，小萍决定用秀米自带的模板来创建这个图文消息。

活动实施

小萍用账号登录秀米网站,利用秀米模板创建图文的操作步骤如下:

第 1 步:新建一个图文,单击编辑页面左上角"我的秀米",如图 4.2.27 所示。进入"我的图文"界面,在这里可以找到保存的所有图文。

图 4.2.27　单击"我的秀米"

图 4.2.28　我的图文

鼠标放在图文封面上,出现"预览""编辑""状态"3 个按钮,如图 4.2.28 所示,可以预览图文效果,打开图文的编辑界面,查看图文状态。

单击"风格排版"按钮,进入"风格排版"界面,如图 4.2.29 所示。这个界面显示的是秀米免费提供的模板,可以根据风格标签选择适合的模板。

图 4.2.29　风格排版

第2步:根据要求,单击风格标签"人物"中的第一个模板,如图4.2.30所示,单击"一键采用",打开一个新的图文排版界面,这里应用了当前模板,如图4.2.31所示。

图4.2.30　选择模板

图4.2.31　单击"一键采用"(示样)

图4.2.32　应用模板的图文

第3步:打开"布局模式",深度修改图文排版和内容,如图4.2.32所示。

创建完图文后要对图文进行保存,保存的操作步骤如下:

(1)单击编辑界面右上方的"保存"按钮,如图4.2.33所示。

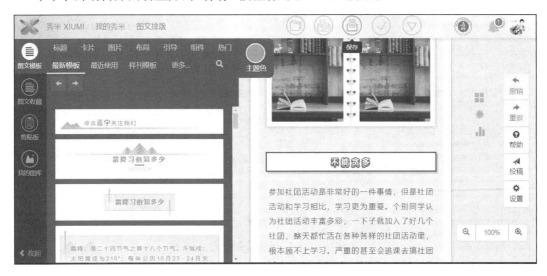

图4.2.33 保存图文

(2)保存成功后,界面提示"✔成功啦",如图4.2.34所示。保存后的图文消息可在"我的图文"中找到查看,如图4.2.35所示。

图4.2.34 保存成功

在已有图文的基础上进一步修改图文,小萍采用以下操作步骤进行:

(1)打开已有图文。打开图文编辑界面,单击右上方工具栏中的"打开图文"按钮,如图4.2.36所示。在出现的图文列表中选择需要修改的图文,单击"确定"按钮,如图4.2.37所示。

(2)修改图文版式。打开"布局模式",以下操作均在"布局模式"下进行。

• 删除模块。按住鼠标左键拖出一个浅蓝色的矩形框,将需要删除的部分框在框里,单

图 4.2.35　查看保存图文

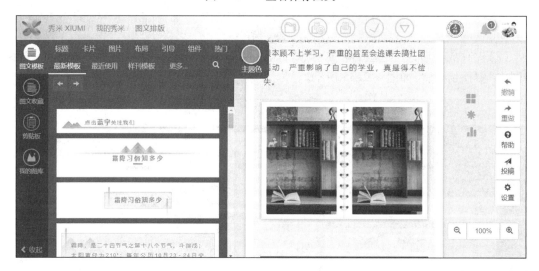

图 4.2.36　打开图文

击垃圾桶按钮或按"Del"键删除,如图4.2.38和图4.2.39所示。

　　●修改布局的样式利用"布局"工具栏,如图4.2.40所示。为布局框设置背景图。单击"布局"工具栏的 ▼ ,选择"背景图",如图4.2.41所示。点击图库图片,添加背景图,背景图设置为"不重复",如图4.2.42所示。设置布局阴影,如图4.2.43所示。设置布局边框,如图4.2.44所示。

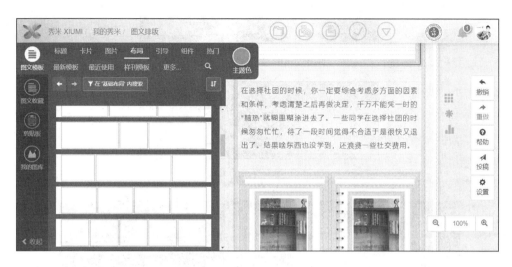

图 4.2.37   选择需要修改的图文

图 4.2.38   框选删除模块

图 4.2.39   删除框选部分

图 4.2.40 "布局"工具栏

图 4.2.41 设置布局背景

图 4.2.42 添加布局的背景图片

图 4.2.43 设置布局阴影

图 4.2.44 设置布局边框

旋转结构框。按住鼠标左键拖拽旋转按钮,可以实现结构框的旋转,双击旋转按钮,可以重置旋转,如图 4.2.45 所示。

添加布局框。将布局模板按住鼠标左键拖到图文需要添加的位置,如图 4.2.46 所示,添加了一个空白布局框。

图 4.2.45   旋转结构框

图 4.2.46   添加布局框

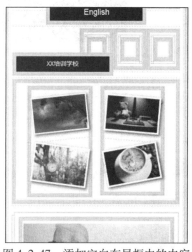

图 4.2.47   添加空白布局框中的内容

（3）修改图文内容。添加空白布局框中的内容。在空白布局框中添加"图文模板"中"多图"中的模板,选中图片位置,添加"我的图库"中的图片,如图 4.2.47 所示。

在该布局框的上方插入分割线。单击"图文模板"中"组件"菜单下的"分割线",选择分割线,如图 4.2.48 所示。

插入空行。在分割线上方插入一个空行,如图 4.2.49 所示。选中分割线,单击"后插空行"按钮,在出现的下拉菜单中选择"前插空行"。

修改图片。更改人物图片,单击"图片"工具栏中的"裁剪"按钮,对图片进行裁剪,如图 4.2.50 和图 4.2.51 所示;修改文字,如图 4.2.52 所示。

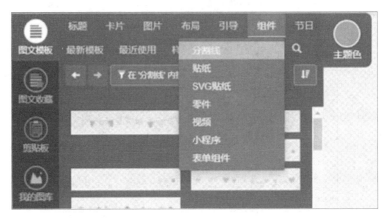

图 4.2.48　插入分割线

图 4.2.49　插入空行

图 4.2.50　裁剪图片 1

图 4.2.51　裁剪图片 2

图 4.2.52　修改文字

（4）保存并预览图文，效果如图4.2.53所示。

图4.2.53 效果图

活动评价

通过这个活动，小萍掌握了利用已有模板创建图文的方法，并学会了保存图文和修改图文的操作。

活动4 同步微信公众号

活动背景

在使用第三方工具秀米编辑器编辑好图文后，小萍将图文消息同步发布到微信公众号平台。通过网络学习，她掌握了秀米图文发布到微信公众号的方法。

> **知识窗**
>
> 秀米同步微信公众号的方法有两种，一种是复制内容到微信，另一种是同步图文到微信。小萍尝试分别用这两种方法发布微信图文。

活动实施

小萍先用复制内容到微信公众号的方法发布图文，操作步骤如下：

第1步：登录微信公众平台，如图4.2.54所示。

第2步：单击左侧导航区的"素材管理"，如图4.2.55所示；进入素材管理界面，如图4.2.56所示；单击"新建图文素材"按钮，进入新建图文消息界面，如图4.2.57所示。

第3步：在公众平台填写标题、作者，以及添加封面等内容。

第4步：点击秀米编辑界面右上方的 ✅ 按钮，选择"继续用复制粘贴"，如图4.2.58和图4.2.59所示。当出现如图4.2.60所示效果后，按"Ctrl + C"键进行复制。

图 4.2.54　登录微信公众平台

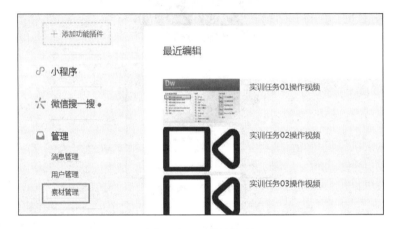

图 4.2.55　素材管理

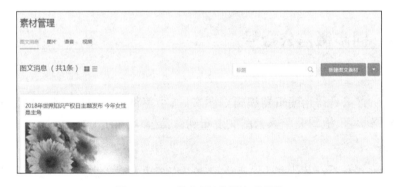

图 4.2.56　单击"新建图文素材"

第 5 步：回到公众平台，在正文编辑区按"Ctrl + V"键粘贴，单击"保存"按钮，如图 4.2.61 所示。

第 6 步：单击"预览"按钮，效果如图 4.2.62 所示。

小萍再用同步到微信公众号的方法发布图文，操作步骤如下：

第 1 步：在同步到微信之前，需要将秀米绑定授权给公众号。点击在编辑界面右上角的"授权公众号"，如图 4.2.63 所示。

第 2 步：进入授权管理界面后，仔细阅读说明，如图 4.2.64 所示。点击绿色按钮"微信公众号授权登录"，正式进入授权页面，如图 4.2.65 所示。微信扫码确认，如果你不是公众号的管理员或运营者，要请管理员点击确认。如图 4.2.66 所示，扫码成功，然后在手机上进

图 4.2.57　新建图文消息

图 4.2.58　继续用复制粘贴

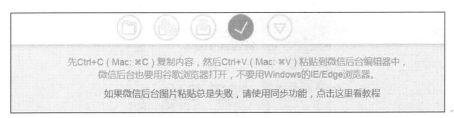

图 4.2.59　复制粘贴提示

图 4.2.60　按"Ctrl + C"键复制

图4.2.61　单击"保存"按钮

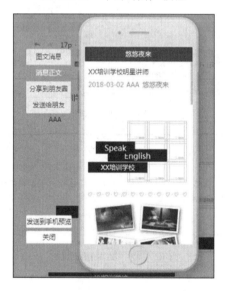

图4.2.62　预览

行授权。授权成功后,秀米编辑界面右上角的"授权公众号"处被微信公众号头像替代。

图4.2.63　单击"授权公众号"

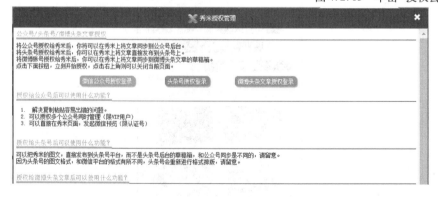

图4.2.64　单击"微信公众号授权登录"

第3步:单击公众号头像,设置授权权限,如图4.2.67所示。

图 4.2.65　扫码确认

第 4 步:点击秀米编辑界面右上方的 ✅ 按钮,选择"同步到公众号",如图 4.2.68 和图 4.2.69 所示。同步完成后,界面右上角提示"同步到公众号成功"。

图 4.2.66　扫码成功

图 4.2.67　设置授权权限

图 4.2.68　点击"同步到公众号"

第 5 步:到微信公众平台查看同步的图文消息,如图 4.2.70 所示。

活动评价

通过这个活动,小萍能够分别用复制和同步的方法将秀米图文发布到微信公众平台。经过比较,小萍觉得同步公众号的方法更便捷,但如果需要发布图文消息的部分内容,只能用复制、粘贴的方法。

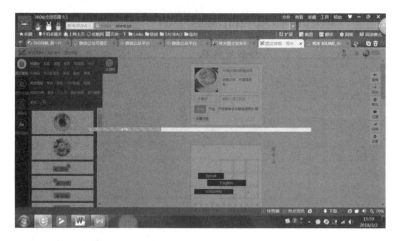

图 4.2.69　同步到公众号

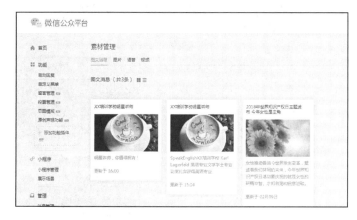

图 4.2.70　查看同步结果

活动 5　发布到其他新媒体平台

活动背景

经理为增强公司的影响力、扩大宣传范围,要求小萍在微信公众平台和其他新媒体平台发布图文消息,例如头条号、微博头条、百家号等。小萍发现,除微信外其他平台都不支持秀米模板,秀米图文发布到除微信外的其他内容平台后,大部分内容会丢失。小萍发现秀米的"贴纸图文"功能可以解决这个问题。

> **知识窗**
>
> 什么是贴纸图文?
>
> 贴纸图文,是把一篇图文里面带模板格式的部分变成图片,正文部分保留成文字,这样复制到其他平台可以保留模板效果;也可以将字体效果转成图片,复制到微信平台。也就是说,贴纸图文具体有如下两个作用:
>
> ①秀米图文发布到除微信外的其他内容平台,都不支持秀米模板,将内容复制到平台

后,大部分内容会丢失。而贴纸图文可以解决这个问题——生成贴纸图文。生成贴纸图文后,复制到这些平台,就可以让你的文章在这些平台上拥有秀米的精美模板,提升阅读体验。

②现在的微信图文,是不支持字体的。这时候可以使用贴纸图文:把包含字体的内容转成图片,复制/同步到微信后台。打开编辑区的增强特性,就可以使用字体,生成贴纸图文。

活动实施

小萍用贴纸图文的方法,将秀米图文发布到百家号和头条号上,操作步骤如下:

第1步:在秀米编辑界面打开已编辑好的图文消息,点击右上方的 ▽ 按钮,如图4.2.71所示。在出现的下拉菜单中点击"生成贴纸图文",出现如图4.2.72的界面,生成贴纸图文。按住"Ctrl + C"键,复制贴纸图文。

图 4.2.71　点击"生成贴纸图文"

图 4.2.72　生成贴纸图文

第2步:打开百家号编辑界面,单击页面左侧导航栏中的"发布内容",选择"发布文章",输入文章标题,在正文部分按住"Ctrl + V"键将复制贴纸图文粘贴过来,单击"发布"按钮,如图4.2.73所示。

第3步:打开头条号编辑界面,单击页面右上角的"发表"按钮,选择"文章",输入文章

图 4.2.73　将贴纸图文粘贴到"百家号"平台

图 4.2.74　将贴纸图文粘贴到"头条号"平台

标题,在正文部分按住"Ctrl + V"键将复制贴纸图文粘贴过来,设置封面,单击"发布"按钮,如图 4.2.74 所示。

试一试

秀米工具暂不支持字体的设置,尝试使用其他的编辑工具,生成不同字体,并应用在微信公众平台上。

活动评价

通过这个活动,小萍学会了将秀米编辑的图文发布到其他媒体平台的方法,扩大了宣传范围,增强了公司的影响力。

合作实训

4 人为一个小组,分别完成以下任务:

(1)每位同学均开通秀米编辑器,熟悉相关功能,绑定小组的微信公众号。

(2)利用秀米编辑器对原来的微信图文消息进行重新排版布局。

任务 3 熟悉微信图文消息排版技巧

情境设计

小萍作为公司的实习生,急需在实际工作中积累经验。某天,部门经理让她在帮助客户创的微信公众号上发表一篇文章并做到精细化排版,她利用在学校学到的知识编制出一篇(自以为)不错的文章,交给企业负责人审批,没有想到企业客户提出了种种问题,针对排版上面的突兀,建议她多多参考优秀的公众号。

小萍决定通过对不同公众号内容的对比和各种排版技巧的总结,重新编制公众号的文章。

任务分解

为了更好地完成任务,小萍决定先通过资料学习,弄清图片、标题、开头、正文和结尾排版技巧,再完成微信公众号的图文排版。

活动 1 掌握图片排版技巧

活动背景

小萍知道一篇优秀的文章离不开优秀的配图,好的配图会增加文章的吸引力。而微信中的图片一般包括封面图(头图封面、小图封面)以及文章正文中的配图。

知识窗

通过图片展示来提高视觉效果,从而为平台提高人气,为活动变现打下坚实基础。这些提升图片视觉效果的方式,不仅在微信公众平台上适用,在一点资讯、今日头条等新媒体平台也同样适用。

活动实施

根据企业公众号的性质,小萍对收集的图片进行了分类和挑选。

第 1 步:掌握封面图排版技巧。

①一般封面图尺寸为 900 像素×500 像素,次图尺寸为 200 像素×200 像素。好的封面图可以吸引读者的阅读兴趣,并转化为内容阅读,同时也能体现出作者的审美品位。

②封面图要尽量选择色彩统一、背景干净的图片。

③多个图片的配图,整体风格要保持一致。

④封面图片的内容要尽量居中,这样微信后台在自动截图时才能截取正方形内容,保证精彩内容更容易被读者看到。

⑤封面图中不要出现太多文字、图片,并保证视觉的焦点在图片中央,如图 4.3.1 所示。

图 4.3.1　微信订阅号封面配图　　　　　　图 4.3.2　正文配图

第 2 步:掌握正文配图技巧。

①尽量选择和文章内容相近的图片作为配图,最好统一图片的大小,保持色调一致,如图 4.3.2 所示。

②配图和文字之间通过空隙增加观赏性。在处理配图和文字之间的关系时,需要在正文上下空出一行,使整体的层次感更丰富,阅读起来更加轻松。在图片下边,建议最好用一行小字来标注图片的内容和出处,可以使用 10 号字或者 12 号字,保证图片传递信息的完整性,如图 4.3.3 所示。

③图片的大小为 50 kB~2 MB。尺寸统一比例,建议采用 16∶9 或者 4∶3,不建议使用竖构图图片,像素大小控制在 1 000 左右。

第 3 步:掌握图片的选取与制作技巧。

①GIF 动图视觉感强。

很多的微信公众号文章都会采用 GIF 动图形式，这种动起来的图片能为公众号吸引不少的读者。GIF 格式的图片相对于传统的静态图，拥有更强的表达能力。

②长图文更具有冲击力。

使用长图文是一种让微信公众号获得更多关注度的好方法。长图文将文字与图片融合在一起，借文字描述图片内容的同时，用图片使所要表达的内容更加生动。

③选择合适的图片尺寸。

运营者要选择大小合适的图片作为文章的主图，既能满足图片清晰度的要求，又不会因尺寸过大增加文章加载的时间。

④适当处理图片以增加视觉体验。

运营者在给文章添加图片的时候，也可以通过一些方法给图片"化妆"，让图片更有特色，从而吸引更多的读者。现在用于图片后期处理的软件有很多，如强大的 PhotoShop、众所周知的美图秀秀等。微信公众号

图 4.3.3　正文配图留白效果

运营者可以根据自己的实际技能水平，选择图片后期软件，通过软件让图片变得更加夺人眼球。

试一试

翻看你的手机微信订阅号，看看他们的图片是否有不合适的地方？下载并试着修改它。

活动评价

小萍在实践中领悟到图片排版的重要性，也更加注重学习图片排版的技巧。新媒体编辑者在撰写微信图文消息时，如果想让自己的公众号中的图片变得更加吸引人，达到一图胜千言万语的效果，一定要对图片精雕细琢，包括主图精益求精，侧图不可忽视，尺寸大小合适，色彩搭配合理，图片数量适中等。

活动 2　掌握文字排版技巧

活动背景

小萍在实习过程中发现，好的排版不仅可以提升文章的可读性，而且还能让人赏心悦目，而文字及标题的长度，正文文字的大小、颜色和排版起到不可忽视的作用。

知识窗

标题是引起读者阅读兴趣的开始,简明扼要的标题能迅速吸引读者的注意,也能帮助用户快速找到文章的结构及重点。需要注意的是文章标题要尽量控制字数,简短醒目、易理解的标题往往更受读者的青睐。由于订阅号的标题是被折叠起来显示的,折叠后能显示的文字非常有限,如果标题名字过长,很可能在折叠后无法显示完整。

活动实施

第1步:学习提炼标题,如下面这两个文章标题,哪一个信息的传达更吸引眼球?

修改前:张小龙最新六评微信:最担心自己建设太慢了。

修改后:他的产品改变了6亿人!?

(1)标题字数尽量控制在13个字以内。

在多图文中,标题会在封面图片上方带黑色遮罩,超出13字换行会不同程度地遮挡封面图。同时,过长的标题也会加大读者对标题的理解难度,如图4.3.4所示。

图4.3.4　标题超长示例

(2)当标题为一行或两行时,封面内容还能看清楚,如果标题很长,那么就会变了个样。标题可添加"【】"来凸显关键字,或者是简洁的"|",但不要有过于烦琐、奇怪的符号,如图4.3.5所示。

第2步:学习文字排版的基本技巧。

(1)文字与行间段落。

通过网页复制排版后的文章,首先要注意清除格式。行距一般可设定为1.75左右。

(2)文字的首行缩进。

由于手机屏幕与电脑屏幕大小有差异,为保证文字的显示正常,建议不要使用首行缩进。

图 4.3.5　在标题中凸显关键词

（3）文字的颜色。

公众号排版，使用的颜色一般不超过 3 种，颜色过多会使风格难以固定。颜色的确认最好根据品牌的调性去选择。

（4）文字的对齐与留白。

一行字数不多的文字，可以选择左对齐、居中和右对齐，比如诗歌、歌词，分段排列。针对多数段落文字，统一选择左右两端对齐，会比单纯选择左对齐显得工整。在文字排版中可以使用留白原则，即在页面中留出一定的位置，以减少压迫感。左右两边缩进 0.5～1 px 为宜。

试一试

翻看你的手机微信订阅号，看看它们的文字排版是否合适？对不恰当的文字排版，请试着修改它。

活动评价

吸引人的标题固然重要，但是标题的长度和凸显关键字的排版同样重要，这样可以在视觉上吸引用户点击和查阅。为保证公众号文章整体风格一致，文字排版起到了重要的作用。

活动 3　排版内容开头

活动背景

小萍充分认识到，想要使自己发表的文章拥有更好的效果，好的开头设计至关重要，于是她开始学习对内容开头进行排版。

知识窗

微信文章的开头是"第一印象"，良好的开头具有以下 3 个作用：

（1）服务题目。当题目已经引起读者好奇时，开头需要解释或延续这种好奇。

（2）吸引读者。如果开头内容无聊、晦涩，读者很可能选择关闭文章，所以，开头需要吸引读者。

（3）帮助理解文章。在读者阅读文章时，如果背景知识很重要，在开头就要介绍背景知识，以便读者理解文章。

活动实施

（1）使用顶部引导关注。

常见的顶部引导关注语是"点击蓝字关注我们"，或者是些轻松俏皮的语言，比如"既然来了，关注再走嘛""动动大拇指，关注有惊喜"，如图4.3.6所示。为了更加吸引人，一般采用动态的GIF图片。

图4.3.6　顶部引导关注

（2）使用顶部签名档。

微信公众号签名档是指微信公众号运营者在向用户推送信息内容时，可在信息内容中加上自己的电子名片。微信公众号签名档可以设置在内容的顶端和底端，签名档是对公众号平台信息最基本的描述和概况，可以是文字、图片或动画。目前很多公众平台在运营过程中都设置签名档。如图4.3.7所示为二维码签名，图4.3.8所示为推广业务签名。

图4.3.7　顶部二维码签名

图4.3.8　顶部推广业务签名

（3）文章内容的简要介绍和阅读时间提醒。

在文章开头，标明全文字数、关键字和阅读时间，控制读者预期阅读时间，塑造"认真靠谱"的形象，如图4.3.9所示。

（4）开头提问题。

根据文章内容，在开头设置问题，让读者带着问题去阅读，提高阅读效率，加深理解程度。这种方法适合内容严肃的推文，如图4.3.10所示。

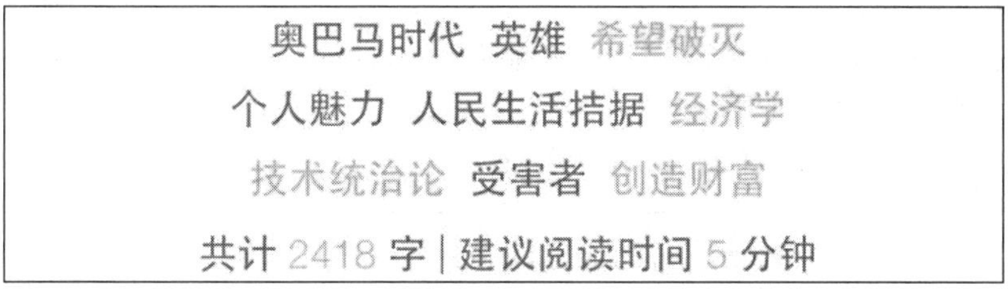

奥巴马时代　英雄　希望破灭

个人魅力　人民生活拮据　经济学

技术统治论　受害者　创造财富

共计 2418 字 | 建议阅读时间 5 分钟

图 4.3.9　微信文章阅读提示

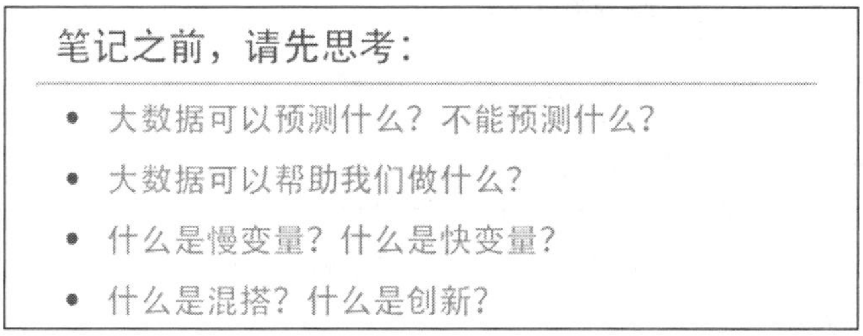

笔记之前，请先思考：

- 大数据可以预测什么？不能预测什么？
- 大数据可以帮助我们做什么？
- 什么是慢变量？什么是快变量？
- 什么是混搭？什么是创新？

图 4.3.10　开头提问题

活动评价

文章开头非常重要，能让用户真正进入到文章中，激起阅读下去的兴趣。文字拥有一个好的开头，会直接影响文章的阅读量、阅读率和涨粉，并且也间接影响了用户互动和内容收益。

活动4　排版内容正文

活动背景

正文是文章向读者传播内容的重要手段。好的正文，需要好的内容为载体，还要有好的排版。下面通过一些小技巧来实现使人眼前一亮的操作，比如放大部分文字、改变字体颜色等。

活动实施

（1）正文内容篇幅技巧。

微信文章的内容要尽量简洁明了，不要挑战粉丝的耐心，尤其在移动端，文章篇幅建议字数在 2 000 字左右。碎片化信息的时代早已到来，如果文章篇幅过长，读者可能会因文章太长而放弃阅读。

（2）正文段落的间距问题。

一段话如果超过 6 行，在不影响文章的情况下，最好将它拆分成两段，每段三四行为宜。因为手机端更注重的是轻阅读，字数过多或者是过于密集，都很难吸引读者读下去。所以，为了吸引读者的眼球，段落间要空行。

（3）导读 40 ~ 60 字为宜。

微信内部有很多同类文章，为了区别于其他账号的内容，有时需要写导读。导读字数建议控制在 40 ~ 60 字，可以使用不同的颜色、字体或者边框标记。

（4）保证无错别字。

对文章排版完成后，一定要进行严谨的通篇检查，杜绝错别字的现象，给用户粉丝一个严谨认真的形象。文章发布后只能修改 5 个字，一篇文章也只能修改一次，用户一旦发现错别字，就会变成一个掉粉点，如图 4.3.11 所示。

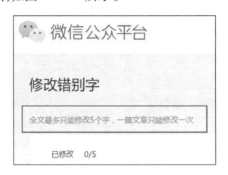

图 4.3.11　微信公众平台后台修改错别字

（5）图文并茂，突出美感。

在一篇图文消息中，常见的图文排版方式有上图下文、下图上文、左图右文、右图左文、图文叠加、图文环绕多行、多列图文穿插排列等。

（6）复制的内容注意清除格式。

微信的编辑后台是一个网页编辑器。如果直接拷贝、粘贴，会沿用原来的格式，有些格式不适合手机，微信需要清除原来的格式。

（7）多用样式，让文章层次鲜明。

一方面，可以通过加粗、下划线、黑体、符号突出、颜色等凸显重点，增加层次；另一方面，可以采用 CSS 样式，通过分隔符、图标和特殊符号来提高阅读体验。

（8）巧用第三方编辑工具。

常用的编辑器有秀米、135 编辑器、i 排版、易点编辑器，每个人可以根据自己的喜好选择不同的平台。如果需要首行缩进，可以选用一键排版工具。135 编辑器丰富的样式中心，如图 4.3.12 所示。

图 4.3.12　135 编辑器的样式中心

活动评价

微信文章正文的版式设计,应该以阅读体验舒适为第一原则,不要给人压迫感。当然,不同的微信文章定位,必须符合自身的特点和气质,美文配美图,要的是意境,专业文章也该有专业的范儿。

活动 5　排版内容结尾

活动背景

每篇热转的微信内容都精益求精地做好了标题、正文、尾部的内容,每一个部分都有它独一无二的价值所在。尾部在微信公众号中除了起到一篇文章收尾概括作用之外,还承担着进行自推广的责任。做好尾部的内容排版,有助于账号的扩散。

活动实施

(1)在结尾排版时通过分隔符区分功能,如图 4.3.13 所示。

(2)热门文章推荐,如图 4.3.14 所示。

中国电信
上午8:12
吴晓波频道
更多内容
点击下图，直接阅读
送你一颗子弹
吴晓波频道和咪咕阅读联合推出
——咪咕吴晓波悦读会
每日可收听《每天听见吴晓波》和50本图书
同时享咪咕阅读全站图书8折优惠
每月免费收听两节在线音频课程
点击下图▼立即订阅

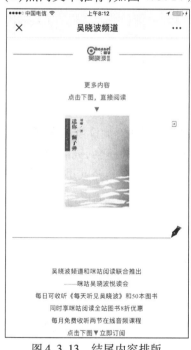

图 4.3.13　结尾内容排版

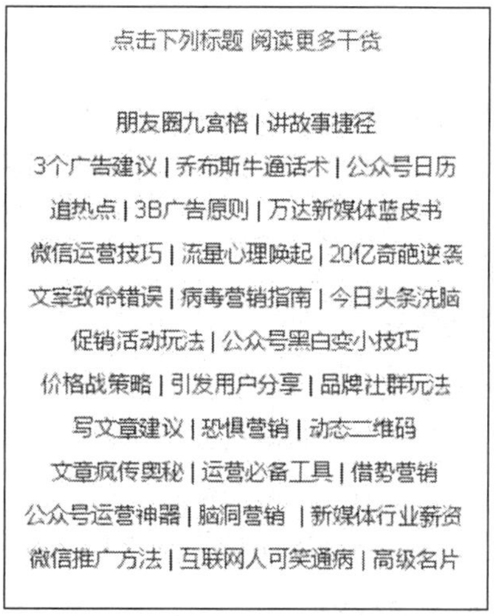

点击下列标题 阅读更多干货
朋友圈九宫格 | 讲故事捷径
3个广告建议 | 乔布斯牛逼话术 | 公众号日历
追热点 | 3B广告原则 | 万达新媒体蓝皮书
微信运营技巧 | 流量心理唤起 | 20亿奇葩逆袭
文案致命错误 | 病毒营销指南 | 今日头条洗脑
促销活动玩法 | 公众号黑白变小技巧
价格战策略 | 引发用户分享 | 品牌社群玩法
写文章建议 | 恐惧营销 | 动态二维码
文章疯传奥秘 | 运营必备工具 | 借势营销
公众号运营神器 | 脑洞营销 | 新媒体行业薪资
微信推广方法 | 互联网人可笑通病 | 高级名片

图 4.3.14　热门文章推荐

(3)文章基本信息。公众号底部可以加上文章的作者介绍,如果是约稿,在文章下部可以提供作者简介:有名望的作者,对提升账号的名望非常有好处。

(4)互动引导信息。包括点赞提醒、长按二维码关注、转发提醒、评论提醒等,如图 4.3.15 所示。

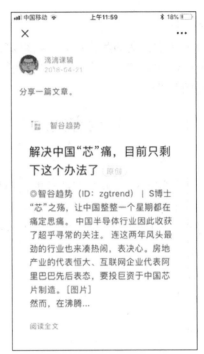

图4.3.15　微信文章底部的互动引导　　　　图4.3.16　阅读原文引导

（5）"阅读原文"引导，如图4.3.16所示。

活动评价

在文章的结尾处可以适当地加入视频或者一些总结性的文字，让读者有种意犹未尽的感觉。在总结全文时，插入视频可以让读者看完你的文章后有新的体会，同时要记得写上提醒关注的字样。结尾是一篇文章比较重要的地方，写的时候要注意避轻就重，达到统一全文的目的。

合作实训

4人为一个小组，团队合作，完成以下任务：

（1）熟悉常见的微信编辑工具，包括秀米、135编辑器等。

（2）收集不同方向的微信素材元素，并整理分享。

（3）收集10篇排版有特点的文章，并整理分享。

项目总结

现在的微信公众号数量越来越多，逻辑思维罗振宇有过一句话笑称：做公众号的人比看公众号的还多，那么在"茫茫号海"里面，如何才能脱颖而出呢？好的排版不仅可以提升用户的阅读体验，还可以通过固定独特风格，塑造调性。通过对图片排版、文字排版技巧的掌握，同时在文章的开头、正文和结尾都注重排版的样式，小萍全面学习了排版的知识，也了解了第三方工具的使用方法。

项目检测

1. 单项选择题

(1) 每个人只允许注册(　　　)个公众号。

　　A. 1　　　　　　　　B. 2　　　　　　　　C. 3　　　　　　　　D. 4

(2) 多图文消息的微信文章个数最多为(　　　)篇。

　　A. 5　　　　　　　　B. 6　　　　　　　　C. 7　　　　　　　　D. 8

(3) 一般微信文章封面图尺寸是(　　　)。

　　A. 900 像素 ×500 像素　　　　　　　　B. 900 像素 ×600 像素

　　C. 800 像素 ×500 像素　　　　　　　　D. 800 像素 ×600 像素

(4) 微信文章测图尺寸为 (　　　)。

　　A. 100 像素 ×100 像素　　　　　　　　B. 200 像素 ×200 像素

　　C. 300 像素 ×300 像素　　　　　　　　D. 400 像素 ×400 像素

(5) 微信文章发布后可以修改的错别字个数是(　　　)。

　　A. 2　　　　　　　　B. 3　　　　　　　　C. 4　　　　　　　　D. 5

2. 多项选择题

(1) 微信编辑的第三方平台有(　　　)。

　　A. 秀米　　　　　　B. 135　　　　　　　C. 96　　　　　　　　D. i 排版

(2) 以下元素经常出现在微信文章底部的有(　　　)。

　　A. 点赞引导　　　　B. 关注引导　　　　C. 评论引导　　　　D. 转发引导

(3) 为了凸显文章的部分文字,可以采用的方法有(　　　)。

　　A. 加粗　　　　　　B. 变色　　　　　　C. 变大　　　　　　　D. 更换字体

(4) 关于微信文章文字排版的说法,正确的有(　　　)。

　　A. 文字一般选择首行缩进　　　　　　B. 文字使用的颜色不可超过 3 种

　　C. 注意清除格式　　　　　　　　　　D. 页面中留出一定的位置,减少压迫感

(5) 秀米的常用功能有(　　　)。

　　A. 发布投票和调查问卷　　　　　　　B. 绑定微信公众号

　　C. 支持字体的选择和设置　　　　　　D. 图文消息不可以发布到其他平台

3. 判断题

(1) 微信的投票活动,必须先关注微信公众号才能投票。　　　　　　　　　　(　　　)

(2) 秀米是微信图文排版和 H5 场景制作平台,提供丰富多彩的模板设计以及便利的操作体验,让你能快速制作出如报纸杂志般精美的内容。　　　　　　　　　(　　　)

(3) 带有二维码的公众号介绍图片,只可以放在微信底部。　　　　　　　　(　　　)

(4) 文章开头非常重要,它能让用户真正进入到文章,激起用户阅读下去的欲望。

　　　　　　　　　　　　　　　　　　　　　　　　　　　　　　　　　(　　　)

(5) 标题吸引人固然重要,但是标题的长度和凸显关键字排版也同样重要。　(　　　)

4. 简述题

（1）除了秀米编辑器，你还知道哪些第三方微信编辑器？

（2）微信编辑文章的时候，在图文并茂处理方面有哪些技巧？

项目 5　开启新媒体内容编辑实战

项目综述

在高速发展的现今社会,新媒体能够根据用户需求挖掘高质量内容,对新的热点话题进行快速反应,并对内容进行加工或再加工的编辑,吸引了越来越多的用户使用,也因此给企业或个人带来了新的推广销售渠道,同时市场对新媒体内容编辑人才的需求也越来越大。

一家做活动策划的公司初次涉足新媒体内容编辑工作,任命小萍主要负责此项工作。小萍了解到想要做内容编辑的工作,除需要做好内容定位外,还要有好的图文排版,并且还要做好数据分析工作,及时调整策略等,因此她打算先从微信公众平台和今日头条入手,尝试学习新媒体内容编辑。

小萍初次接触微信公众平台,也是摸不着头脑,在网上查找很多资料学习后知道,微信公众平台也是需要一步步注册设置,然后编辑内容、分析数据等来运营的。此次学习使她获益匪浅。

项目目标

通过本项目的学习,应达成的具体目标如下:

知识目标

➢ 掌握微信公众平台的注册流程;

➢ 学会设置微信公众平台的自动回复和自定义菜单;

➢ 掌握微信公众号的宣传推广方法。

能力目标

➤ 能够顺利注册和设置微信公众平台；

➤ 能够自主完成公众号中自动回复、自定义菜单和页面模板；

➤ 能够完成公众号中图文消息素材的编辑。

情感目标

➤ 培养学生学习新知识的能力；

➤ 培养学生分析问题的能力；

➤ 培养学生整理归纳的能力；

➤ 让学生在学习中学会理论联系实际，提高实际应用能力。

项目任务

任务 1　运用微信公众平台实战

任务 2　运用今日头条平台实战

任务 1　运用微信公众平台实战

情境设计

　　小萍和老板讨论之后，决定自己先开设微信公众平台并先试运营一段时间后查看效果。她注册完微信公众账号后，发现微信公众平台远比她想象的内容要庞大，并且微信公众平台根据不同的需求也有不同的种类选择。小萍先以个人名义申请开设订阅号，在开设过程中，她了解到微信公众平台功能之强大超出了她的想象，在一步步的设置学习中，她也逐渐掌握了微信公众平台的注意事项，了解到微信公众平台可以为她提供哪些服务。

任务分解

　　此次任务主要是完成一个微信公众平台的注册以及相关模块的设置，总结微信公众号的宣传推广方法。小萍为了出色完成本次任务，亲自运作一个微信公众号，作为个人的自媒体阵地，包括开通设置微信公众号，撰写推送文章，查看后台数据进行分析优化。

活动 1　开通微信公众平台

活动背景

　　微信公众平台类型分为订阅号、服务号、小程序 3 种类型，但是 3 种类型注册的条件各不相同，从自身条件和需求考虑，小萍暂时选择订阅号来注册。

活动实施

　　(1)打开浏览器搜索"微信公众号"，进入微信公众号登录界面，点击右上角"立即注册"按钮，如图 5.1.1 所示。

图 5.1.1　微信公众平台首页

（2）点击"立即注册"后，网页切换到注册页面，如图 5.1.2 所示。选择注册的账号类型，这里以"订阅号"为例。

图 5.1.2　选择微信公众号账号类型

（3）填写基本信息，首先激活邮箱，发送验证码，如图 5.1.3 所示；基本信息完善后，勾选服务协议复选框，点击"注册"按钮，如图 5.1.4 所示。

（4）选择企业注册地，如图 5.1.5 所示。

（5）确定企业注册地后，会跳转到下一个页面，选择公众号类型，点击所选类型右下角"选择并继续"，如图 5.1.6 所示。

（6）选择公众号类型后，出现如图 5.1.7 所示的提示。

你好!

感谢你注册微信公众平台。

你的登录邮箱为: <u>kfchygq@163.com</u>。请回填如下6位验证码:

540293

验证码在30分钟内有效, 30分钟后需要重新激活邮箱

Claire Wang

微信产品经理
<u>claire1023@qq.com</u>

图 5.1.3　邮箱登录

1 基本信息 —— 2 选择类型 —— 3 信息登记 —— 4 公众号信息

每个邮箱仅能申请一种账号 ⑦

已有微信公众帐号?

邮箱　　　kfchygq@163.com

激活邮箱

作为登录账号, 请填写未被微信公众平台
注册, 未被微信开放平台注册, 未被个人
微信号绑定的邮箱

邮箱验证码　540293

激活邮箱后将收到验证邮件, 请回填邮件
中的6位验证码

密码　　　••••••••

字母、数字或者英文符号, 最短8位, 区分
大小写

确认密码　••••••••

请再次输入密码

☑ 我同意并遵守《微信公众平台服务协议》

打对勾

注册

图 5.1.4　填写基本信息

图 5.1.5　选择注册地

图 5.1.6　选择公众号类型

（7）信息登记，选择主体类型，以个人为例，点击"个人"，如图 5.1.8 所示。

（8）选择个人后，当前页面会自动向下展开，填写主体和管理员信息，管理员扫描二维码验证身份，如图 5.1.9 所示。点击"继续"按钮，弹出提示对话框，确认信息后点击"确定"按

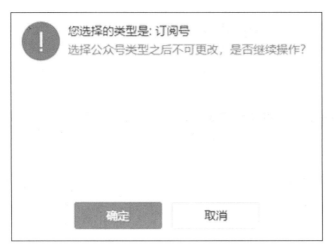

图 5.1.7　提示公众号类型

图 5.1.8　选择主题类型

钮,如图 5.1.10 所示。

　　(9)按要求填写公众号信息,点击"完成"按钮后开通微信公众号,如图 5.1.11 所示。

活动评价

　　微信公众平台的开通相对比较容易,根据需求和条件选择合适的平台类型后按照步骤来进行注册即可。但是功能介绍部分有字数要求,要突出重点,抓住用户心理,吸引眼球也是公众号成功吸粉的关键步骤。

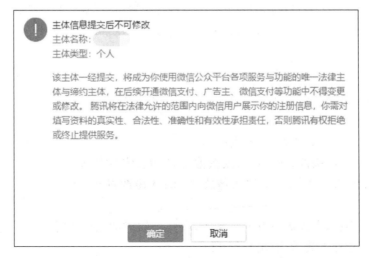

图 5.1.9　填写主体和管理员信息

图 5.1.10　主体信息确认提示对话框

图 5.1.11　填写公众号信息

活动2　设置微信公众平台

活动背景

微信公众号开通之后要对其中的很多项目进行设置,包括对账号的头像、名称以及二维码等进行设置,还可以更改邮箱和密码等,小萍对微信公众平台的各项设置进行查看并试着操作。

活动实施

第1步:登录微信公众号后,在页面左下方用户可以对公众号进行设置,如图 5.1.12 所示。

账号详情设置内容如图 5.1.13 所示。

①设置头像:点击头像会弹出"修改头像"对话框,按要求选择合适的头像图片,预览后选择喜欢的头像类型,确认修改即可,如图 5.1.14 所示。

②设置二维码:点击头像下方的二维码,在弹出的对话框中选择需要的二维码尺寸并下载,如图 5.1.15 所示。

图 5.1.12　设置

公开信息		
	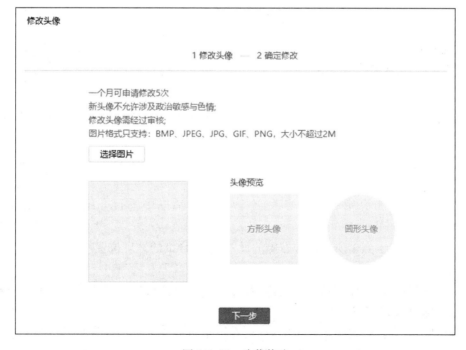	
名称	我的同桌	修改 ⑦
微信号	未设置微信号	设置 ⑦
类型	订阅号	
介绍	时光游走，同桌也一个个的分离，但那些年的美好记忆历历在目，来分享同桌的故事，唤醒那段美好的友谊，温暖彼此的心。	修改 ⑦
认证情况	未认证	申请微信认证
所在地址	未设置	设置
主体信息	范**(个人)	详情 帐号迁移
相关小程序	暂无相关小程序	
注册信息		
登录邮箱	kfchygq@163.com	修改 ⑦
原始ID	gh_c64478c3c008	注销帐号

图 5.1.13

修改头像

　　　　　　　1 修改头像　—　2 确定修改

一个月可申请修改5次
新头像不允许涉及政治敏感与色情;
修改头像需经过审核;
图片格式只支持：BMP、JPEG、JPG、GIF、PNG，大小不超过2M

选择图片

头像预览

方形头像　　　圆形头像

下一步

图 5.1.14　头像修改

图 5.1.15   二维码

试一试

小组讨论,生活中我们常见的二维码尺寸是多大的？手机显示的二维码尺寸是多大？

③修改名称:点击名称右侧的修改,在弹出的对话框中扫描二维码验证身份后修改名称即可,如图 5.1.16 所示。

④设置微信号:点击微信号右侧的设置,在弹出的对话框中,管理员扫描二维码后可进行微信号的设置,如图 5.1.17 所示。

⑤修改介绍:点击介绍右侧的修改,在弹出的对话框中进行介绍的修改设置,如图 5.1.18所示。

⑥设置所在地址:点击所在地址右侧的设置,选择详细的地理位置,如图 5.1.19 所示。

⑦主体信息:点击主体信息右侧的详情,可查看微信公众号的主体信息,并且可查询主体所绑定的账号,如图 5.1.20 所示。

⑧修改邮箱:点击登录邮箱右侧的修改,在下个页面中输入登录密码后,登录到原邮箱后,从邮件给定的链接中点击进入修改邮箱账号的界面,并激活从而修改新邮箱,如图 5.1.21 所示。

第 2 步:功能设置内容,如图 5.1.22 所示。

图 5.1.16　名称修改

图 5.1.17　微信号设置

①隐私设置:点击隐私设置右侧的设置按钮,在弹出的对话框中选择用户是否通过名称搜索到本公众号,如图 5.1.23 所示。

②设置图片水印:点击右侧的设置,在弹出的对话框中选择需要的图片水印设置的信息即可,如图 5.1.24 所示。

③JS 接口安全域名设置:点击右侧的设置,在弹出的对话框中填写相关域名即可,如图 5.1.25 所示。

第 3 步:点击微信认证,页面如图 5.1.26 所示。点击"开通"按钮,同意阅读协议之后,验证管理员身份,然后填写认证信息即可。

第 4 步,安全中心内容,如图 5.1.27 所示。

①设置管理员和运营者:点击右侧的详情切换至下个页面,点击管理员信息右侧的"修

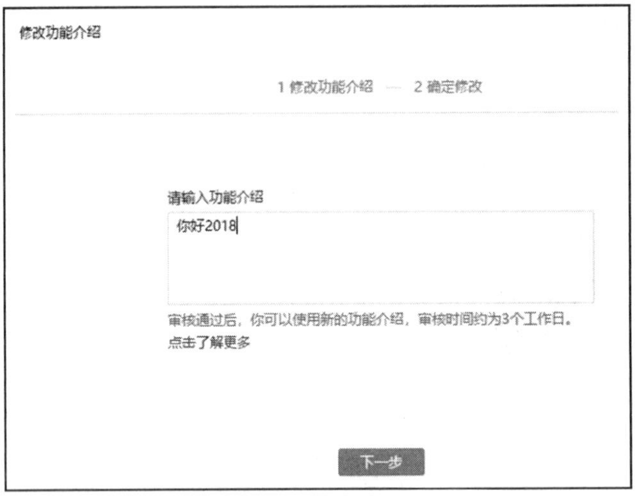

图 5.1.18   介绍修改

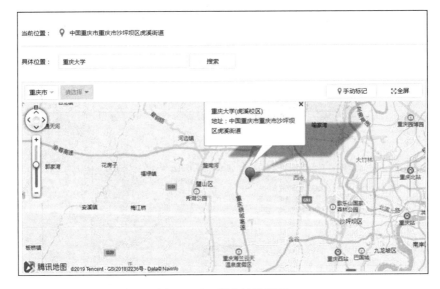

图 5.1.19   所在地址设置

改"按钮,管理员扫描二维码确认身份后,进入修改页面填写信息即可,如图 5.1.28 所示;点击绑定"运营者微信号",在弹出的对话框中填写微信号信息即可,如图 5.1.29 所示。

②风险操作保护:点击右侧详情可查看公众号相关操作的保护状态,管理员身份验证后,可更改部分操作的保护状态,如图 5.1.30 所示。

③风险操作提醒设置:点击右侧的详情,在安全提醒页面中,点击右侧的"开启",管理员验证身份后,即完成操作,管理员便可收到登录等相关操作的微信提醒,如图 5.1.31 所示。

④风险操作记录:点击右侧详情即可查看安全操作记录,如图 5.1.32 所示。

⑤修改密码:点击右侧的"修改",管理员扫描二维码验证身份后填写修改密码信息,点击"提交"按钮即可完成操作,如图 5.1.33 所示。

图 5.1.20 主体详情及绑定账号查询

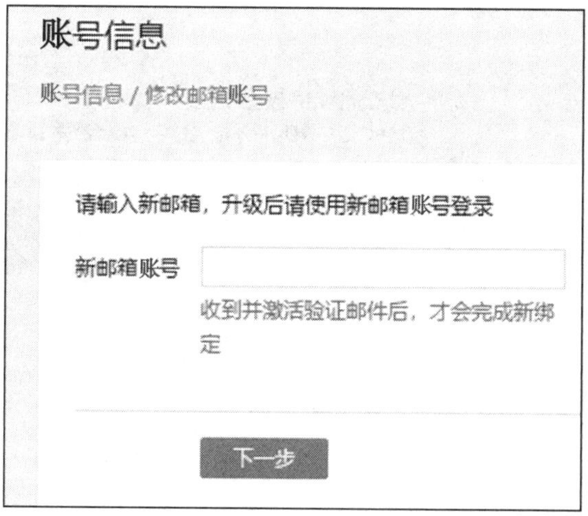

图 5.1.21 邮箱修改

第 5 步:违规记录,在公众号运营期间,有任何的违规记录均记录在该页面,如图 5.1.34 所示。

活动评价

本次活动,小萍学习了账号安全设置的注意事项,通过逐步设置、开设提醒、查看操作记录等都有助于提高公众号的安全性。

账号详情　功能设置

功能设置

隐私设置　　　已允许 通过名称搜索到本账号

图片水印　　　使用名称作为水印

JS接口安全域名　未设置
　　　　　　　设置JS接口安全域名后，公众号开发者可在该域名下调用微信开放的JS接口

图 5.1.22　功能设置

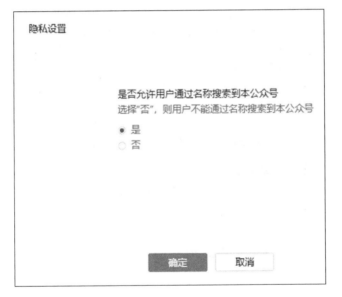

图 5.1.23　隐私设置

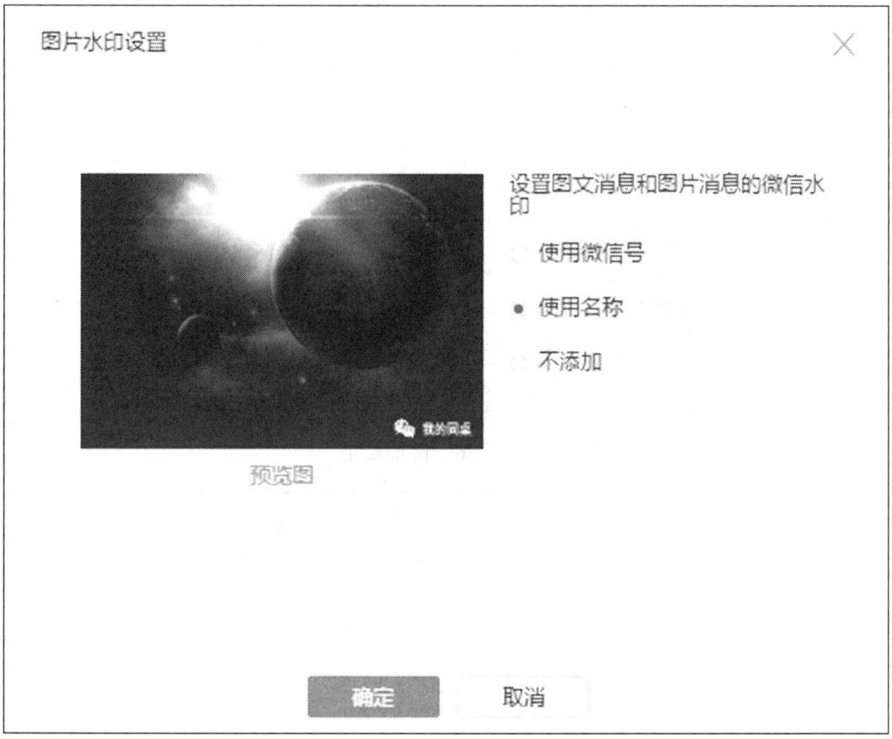

图 5.1.24　图片水印设置

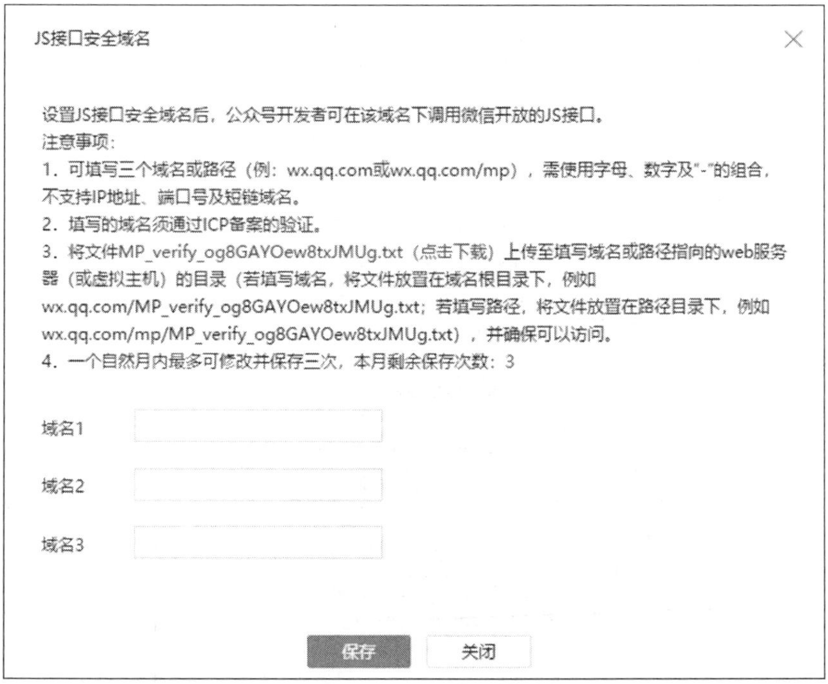

图 5.1.25　JS 接口安全域名设置

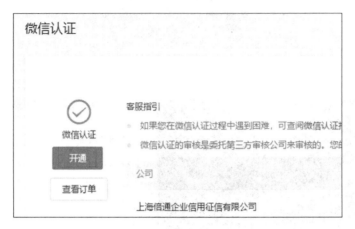

图 5.1.26　微信认证

图 5.1.27　安全中心

图 5.1.28　修改管理员信息

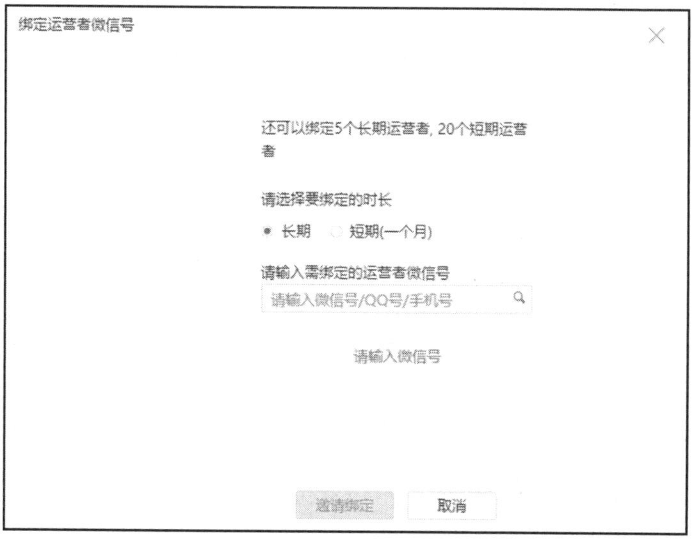

图 5.1.29　绑定运营者微信号

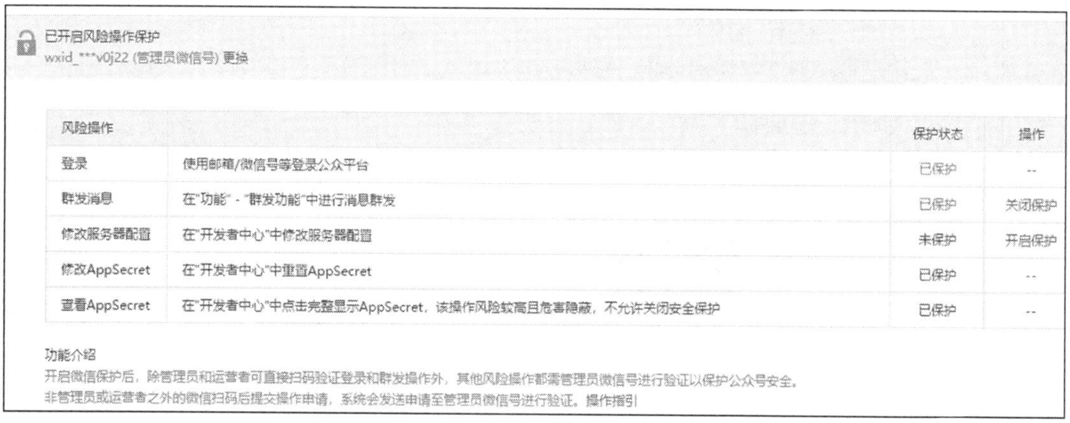

绑定运营者微信号

还可以绑定5个长期运营者，20个短期运营者

请选择要绑定的时长

● 长期　　短期(一个月)

请输入需绑定的运营者微信号

请输入微信号/QQ号/手机号

请输入微信号

邀请绑定　　取消

已开启风险操作保护

wxid_***v0j22 (管理员微信号) 更换

风险操作		保护状态	操作
登录	使用邮箱/微信号等登录公众平台	已保护	--
群发消息	在"功能" - "群发功能"中进行消息群发	已保护	关闭保护
修改服务器配置	在"开发者中心"中修改服务器配置	未保护	开启保护
修改AppSecret	在"开发者中心"中重置AppSecret	已保护	--
查看AppSecret	在"开发者中心"中点击完整显示AppSecret，该操作风险较高且危害隐蔽，不允许关闭安全保护	已保护	--

功能介绍

开启微信保护后，除管理员和运营者可直接扫码验证登录和群发操作外，其他风险操作都需管理员微信号进行验证以保护公众号安全。

非管理员或运营者之外的微信扫码后提交操作申请，系统会发送申请至管理员微信号进行验证。操作指引

图 5.1.30　风险操作保护

开启安全提醒

请用管理员微信扫描以上二维码进行
验证

若需要更换管理员微信号，请前往安全中心/管理员微信号进行更换

图 5.1.31　安全提醒(示样)

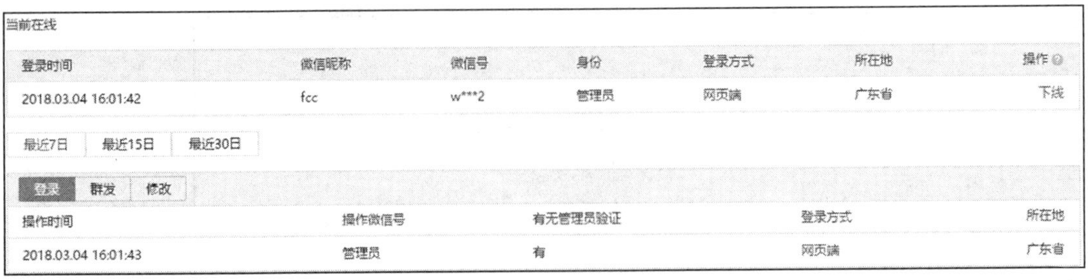

当前在线						
登录时间	微信昵称	微信号	身份	登录方式	所在地	操作 ⊘
2018.03.04 16:01:42	fcc	w***2	管理员	网页端	广东省	下线

最近7日　最近15日　最近30日

登录　群发　修改

操作时间	操作微信号	有无管理员验证	登录方式	所在地
2018.03.04 16:01:43	管理员	有	网页端	广东省

图 5.1.32　安全操作记录

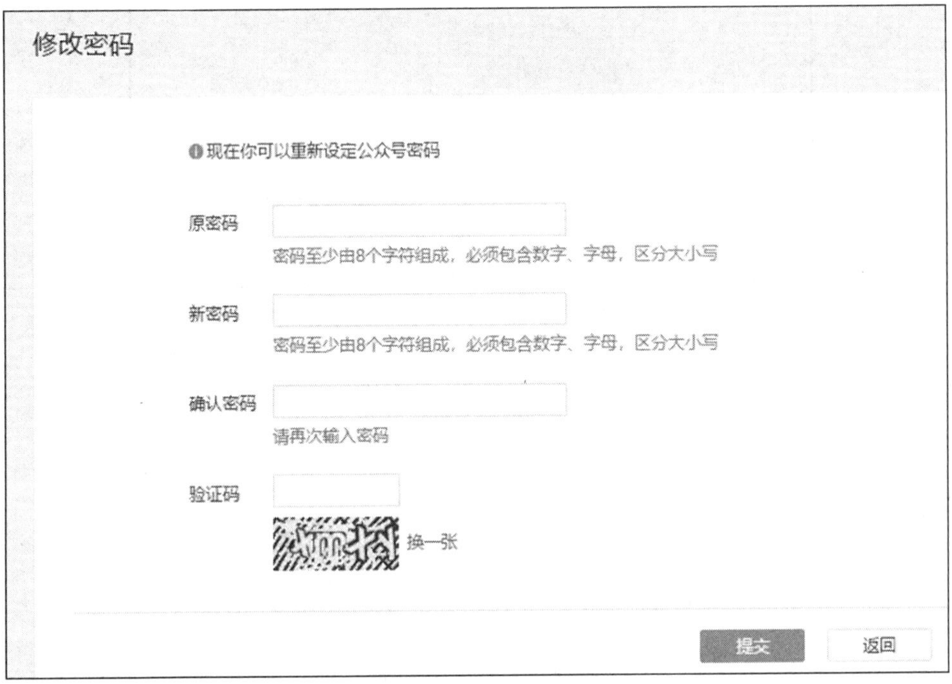

修改密码

❶ 现在你可以重新设定公众号密码

原密码 _____

密码至少由8个字符组成，必须包含数字、字母，区分大小写

新密码 _____

密码至少由8个字符组成，必须包含数字、字母，区分大小写

确认密码 _____

请再次输入密码

验证码 _____

换一张

提交　　返回

图 5.1.33　密码修改

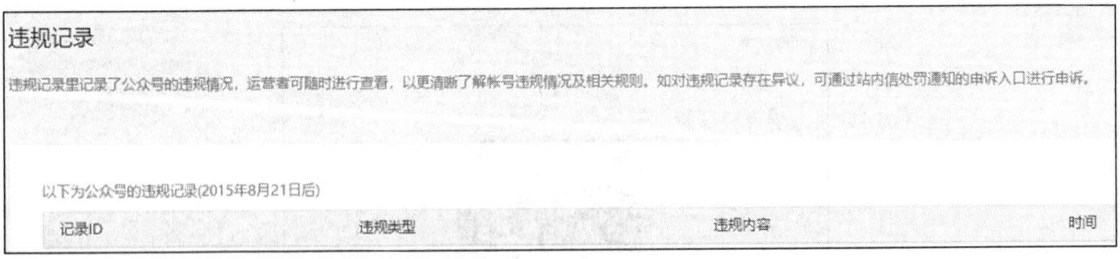

违规记录

违规记录里记录了公众号的违规情况，运营者可随时进行查看，以更清晰了解帐号违规情况及相关规则。如对违规记录存在异议，可通过站内信处罚通知的申诉入口进行申诉。

以下为公众号的违规记录(2015年8月21日后)

记录ID	违规类型	违规内容	时间

图 5.1.34　违规记录

活动 3　编辑图文消息素材

活动背景

完成公众号的设置之后,小萍打算开始着手编辑自己的第一篇图文消息素材。图文信息编辑包括正文、标题和文章中所用到的素材等内容,素材可以是图片、音频、视频等。一篇好的图文消息素材对公众号的宣传也很重要。

活动实施

进入微信公众号后,在首页左边管理处可以对素材进行管理,编辑图文消息,如图5.1.35所示。素材管理内容分为图文消息、图片、语音和视频 4 种,可点击按照要求上传编辑相应的素材格式,如图 5.1.36 所示。

图 5.1.35　管理　　　　　图 5.1.36　素材管理

(1)选择素材管理中的图文消息,点击右侧新建图文素材,如图 5.1.37 所示。

图 5.1.37　图文消息新建

(2)新建图文消息界面如图 5.1.38 所示。左边为图文列表,可以自建图文,还可以分享图文,所有图文消息都会在此显示;中间主要是正文编辑部分和相应的编辑工具;右边为多媒体选择框,可以对相应的多媒体素材进行选择和上传。

(3)标题、作者和正文部分输入完后,如果需要添加相关网页链接或者原文链接,可点击"原文链接"后,输入链接地址即可;如要声明文章原创,点击青色字体,同意原创声明的协议后,填写相关信息即可,效果如图 5.1.39 所示;发布样式编辑中的封面选图可以从正文或者图片库两处选择合适的图片插入;最后填写摘要即可,效果如图 5.1.40 所示。

(4)图文编辑步骤完成以后,点击页面下方的"预览"按钮即可看到效果,确定后便可保存群发,如图 5.1.41 所示。

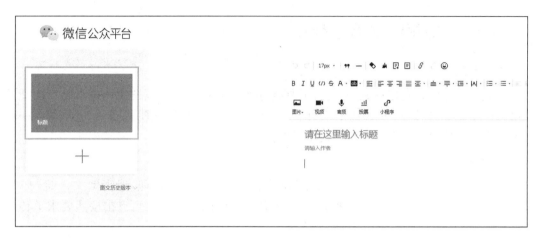

图 5.1.38   图文编辑页面

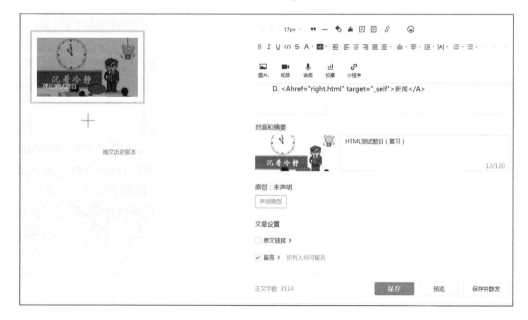

图 5.1.39   原创声明

图 5.1.40   图文编辑页面

图 5.1.41　预览效果

活动评价

图文消息素材顾名思义包括文字和图片内容,编辑步骤不难,但要合理安排图文位置,编排优质图文信息至关重要,要多参考、多学习和借鉴,选择适合自己的风格。

活动 4　设置自动回复

活动背景

公众平台的自动回复在公众号运营传播中也是很重要的一个功能,可以使用户在各个时间段自动获取信息,为用户和运营者均提供了便利,其中自动回复的内容要仔细斟酌。

活动实施

(1)登录微信公众号后,在左边功能模块中可以对公众号的部分功能进行设置,如图 5.1.42 所示。

(2)自动回复包括关键词回复、收到消息回复、被关注回复 3 个部分,点击关键词回复,如图 5.1.43 所示。

(3)在关键词回复中,先命名规则,选择合适的关键词种类,有半匹配和全匹配之分,填写关键词后选择回复内容的类型,然后添加内容,最后确定回复方式并保存即可,如图 5.1.44 所示。效果如图5.1.45所示。

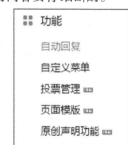

图 5.1.42　功能

试一试

在设置关键词时,半匹配和全匹配哪一个类型更好?

(4)添加收到消息回复,选择回复消息的类型,在对应的类型中选择合适的文字或者素材后保存即可,如图 5.1.46 所示。

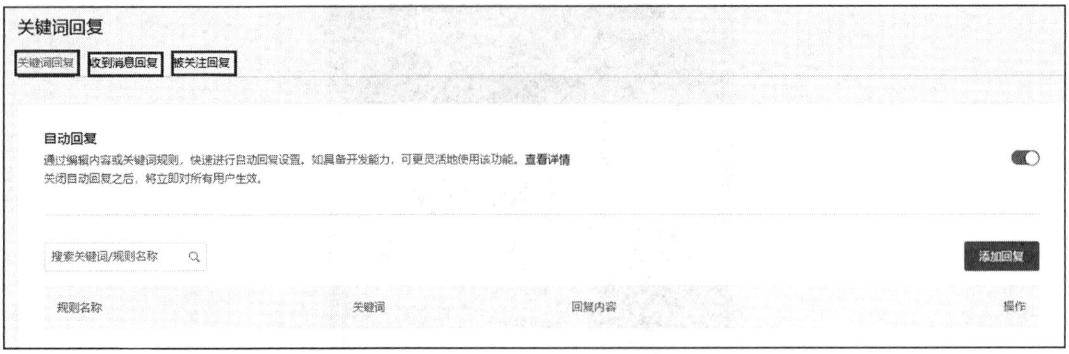

图 5.1.43　自动回复

图 5.1.44　添加关键词回复

(5)添加被关注回复,选择回复消息的类型,在对应的类型中选择合适的文字或者素材后保存即可,如图 5.1.47 所示。

图 5.1.45　关键词回复效果

图 5.1.46　收到消息回复功能

自动回复

通过编辑内容或关键词规则，快速进行自动回复设置。如具备开发能力，可更灵活地使用该功能。查看详情
关闭自动回复之后，将立即对所有用户生效。

Ｔ 文字　　☑ 图片　　⊙ 语音　　□ 视频

＋　　　　　　　　　　　　　　　　　＋
从素材库中选择　　　　　　　　　　　　　新建视频

保存　　删除回复

图 5.1.47　被关注回复功能

活动评价

自动回复的设置步骤不难,但是自动回复的内容非常重要,用户关注你的公众号后自动回复几乎是第一印象,所以要好好把握此次与粉丝的互动机会。

活动 5　设置自定义菜单

活动背景

自定义菜单可以方便用户快速阅读或者访问某些图文消息、功能操作。编辑自定义菜单功能时可选择"跳转到网页"和"发送消息"以及"跳转小程序"3 种动作,可以设置 3 个主菜单,每一个主菜单又可以设置 5 个子菜单。当用户进入到公众账号时,可以一目了然地了解相关的服务,点击即可。

活动实施

(1)点击功能处的自定义菜单,点击"添加菜单"的按钮,如图 5.1.48 所示。

(2)在手机模型图的底部显示有菜单名称和"＋",点击"＋"可以添加菜单;点击菜单名称,可以在右边菜单的"名称"模块中填写菜单名称,选择菜单内容类型和具体内容,如图 5.1.49 所示。设置成功后点击"预览"按钮可查看效果,如图 5.1.50 所示。无误后点击"保存"按钮发布即可。如果想要删除菜单,点击右上角"删除菜单"字样即可。

(3)菜单中还可以添加子菜单,点击菜单上方的"＋",出现子菜单名称字样,点击子菜单名称可以在右侧子菜单的"名称"模块中填写相应的信息,如图 5.1.51 所示。设置成功后点击"预览"按钮查看效果,如图 5.1.52 所示,无误后单击"保存"按钮并发布即可。

图 5.1.48　自定义菜单

图 5.1.49　菜单设置

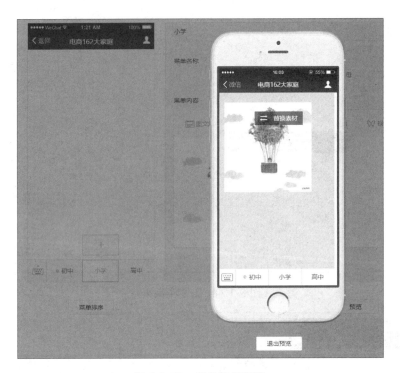

图 5.1.50　菜单效果预览

图 5.1.51　子菜单设置

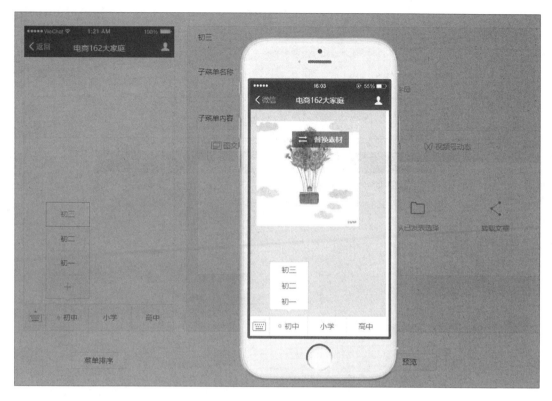

图 5.1.52   子菜单效果预览

活动评价

小萍发现菜单设置数量有限，自定义菜单最大的优点是降低了用户的认知门槛，将公众账号里的重点信息入口直观地呈现给了用户。借助菜单和子菜单的功能设置公众号的内容模块，事先要有明确的内容分类。

活动 6   设置页面模板

活动背景

公众号的页面模板类似于一个文章目录的功能，可以对公众号的图文消息进行整理编排，是给公众号创建行业网页的功能插件。公众号可选择行业模板，导入控件和素材生成网页，对外发布。用户需要时可以快速、准确地获取相应内容，目前分列表模板和封面模板两类。

活动实施

（1）点击功能处的页面模板，点击"添加模板"，如图 5.1.53 所示。

（2）选择页面模板，有列表和封面两种模板，如图 5.1.54 所示。

（3）选择列表模板，点击右侧的"添加"按钮，在弹出的对话框中选择素材，如图 5.1.55 所示。选择多个素材后可点击"排序"按钮，用鼠标左键拖曳素材进行移动，完成对素材的整理，完成后点击"发布"按钮即可，如图 5.1.56 所示。

页面模板　　　　　　　　　　　　　　　　　　　　　　　　　　　　　　　　　　页面模板说明

新建一个公众号页面，可复制链接放到自定义菜单发布。　　　　　　　　　　　　　　　+添加模板

图 5.1.53　添加模板

图 5.1.54　选择模板

（4）选择封面模板，点击右侧的"添加"按钮，在弹出的对话框中添加要选择的封面素材，效果如图 5.1.57 所示。

（5）在手机模板的上方，点击"修改"按钮，可以对页面名称进行修改；将鼠标指针移至标题示例位置，出现如图 5.1.58 所示的分类名设置标志，点击该标志对分类名进行名称填写和内容添加，如图 5.1.59 所示。

（6）点击分类名右侧的"添加"按钮，可以增加分类名的数量；点击内容列表右侧的"排序""删除"等按钮，可以对素材进行相应的操作，完成后点击"发布"按钮即可，如图 5.1.60所示。

试一试

选择其他列表模板查看效果，列表模板可以选择 30 篇文章，封面模板中封面部分可以选择 3 篇文章，最多添加 5 个分类，每个分类中可以添加 30 篇文章。

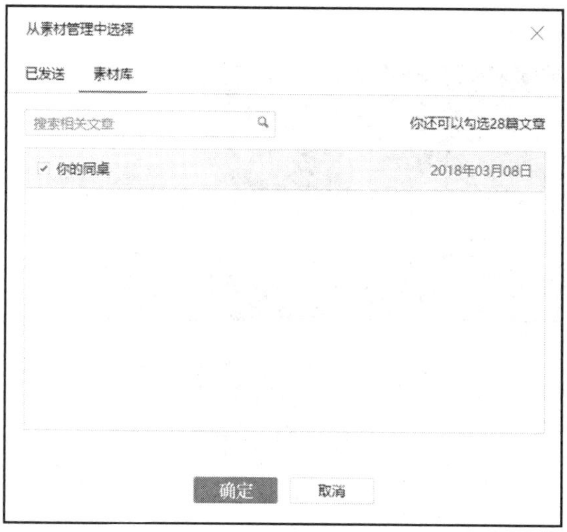

从素材管理中选择
已发送
素材库
搜索相关文章
你还可以勾选28篇文章
你的同桌
2018年03月08日
确定
取消

图 5.1.55　列表模板设置

页面名称　我的同桌　修改
返回
我的同桌
你的同桌
内容列表 4/30
保存
取消
你的同桌
你的同桌
你的同桌
发布

图 5.1.56　排序及效果预览

页面名称　我的同桌　修改
返回
我的同桌
你的同桌
分类名
分类名
标题示例
摘要示例
标题示例
摘要示例
封面文章 1/3
添加
排序
你的同桌
删除

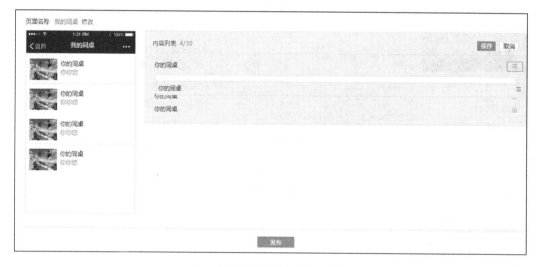

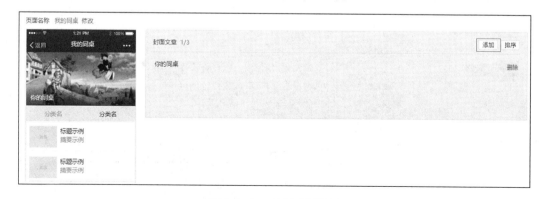

图 5.1.57　封面素材设置

图 5.1.58　分类名设置

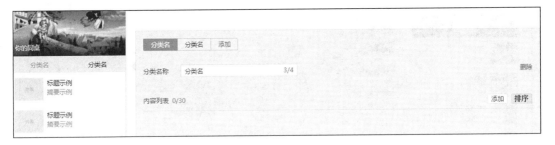

图 5.1.59　分类名填写

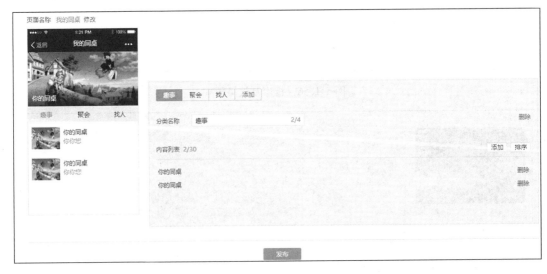

图 5.1.60　分类名添加

活动评价

页面模板的设置目前有两种可以选择,形式比较单一,可以根据自己的需求风格选择合适的模板。列表模板相对较简单,封面模板可以添加分类,内容更细化,更方便用户需求。

活动7　推广微信公众号

活动背景

现在微信公众号越来越多,但经营得非常好的屈指可数。小萍在设置相应的功能后,开始着手研究公众号的宣传推广活动,经过查阅资料学习后知道,公众号的宣传推广大有学问,途径也非常多。

活动实施

(1)登录公众号后,左侧有推广功能,分为广告主和流量主两个部分,如图5.1.61所示。

图5.1.61　推广

(2)点击"广告主",在右侧可以点击"申请开通"广告主业务,通过身份验证后填写相关材料,可以根据需要选择朋友圈广告或者公众号广告,点击"帮助中心"可以查看广告类型等广告主相关内容,如图5.1.62所示。

(3)点击"流量主",点击右侧的"申请开通"可以开通流量主业务,点击"帮助"可以查看流量主业务的相关要求和内容,如图5.1.63所示。但流量主开通需要达到一定的条件,否则无法享受此项功能,如图5.1.64所示。

图5.1.62　广告主业务

(4)公众号开通之后,除了成为广告主或者流量主之外,宣传推广公众号的方法还有很多,见表5.1.1。

流量主
帮助
流量主
未开通
申请开通
功能介绍
只需简单申请，即可成为流量主，按月获取广告收入。广告资源优质丰富，数据统计精准透明。

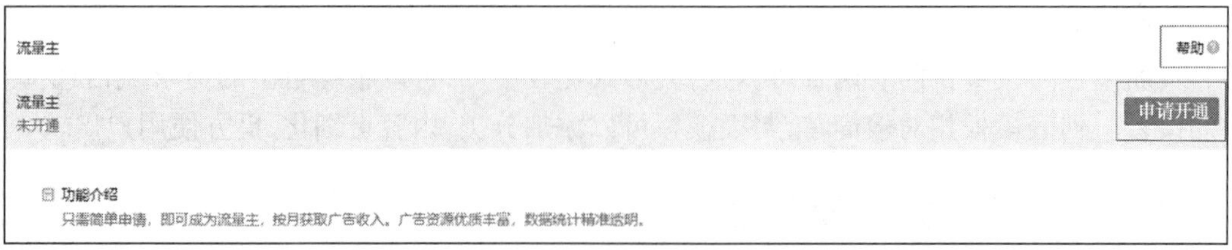

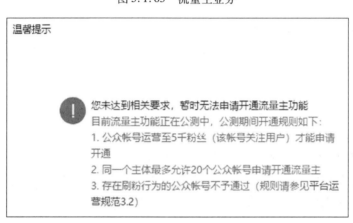

图 5.1.63　流量主业务

温馨提示
您未达到相关要求，暂时无法申请开通流量主功能
目前流量主功能正在公测中，公测期间开通规则如下：
1. 公众帐号运营至5千粉丝（该帐号关注用户）才能申请开通
2. 同一个主体最多允许20个公众帐号申请开通流量主
3. 存在刷粉行为的公众帐号不予通过（规则请参见平台运营规范3.2）

图 5.1.64　开通流量主的要求

表 5.1.1　公众号宣传推广的方法

名　称	工　具	方　法
以号养号	QQ 号(群)、微信号(群)等	
微信功能	漂流瓶、摇一摇、朋友圈	
线上媒介	视频、电子书、官网、官微、门户网站、论坛、文库、网盘、知乎等	
线下活动	实物印刷、传统广告位等	
互推	合作账号	

活动评价

一个公众号做得再好，如果没有宣传推广来获取粉丝，也不会有很好的效果。所以宣传推广活动也是运营公众号的重要一步，可以根据公众号的特点和粉丝群属性，选择合适的推广方法。

活动 8　分析微信公众号数据

活动背景

公众号的运营状况如何，数据统计分析是一个很直观的表现。公众号后台列出了一系列公众号的统计数据，根据这些数据我们可以判断出发布图文或者活动的效果，还可以分析

出潜在客户的特征等,为公众号的定位以及后续活动调整提供参考。

活动实施

(1)在微信公众号首页左边有统计功能,可以查看公众号的数据,如图 5.1.65 所示。

(2)点击"用户分析",页面右边显示用户分析的内容,包括用户增长和用户属性两个部分。用户增长中主要显示新关注人数、取消关注人数、净增关注人数和累积关注人数 4 个部分的数据。首先显示的是最新截止到昨天的数据,后面可以选择查看最近 7 天、15 天或者 30 天数据的趋势图和具体数据表格,还可以选择数据变动的来源,全部来源中基本包括了关注公众号的所有方法,运营者可以根据数据变动来判断活动的效果,如图 5.1.66 所示。

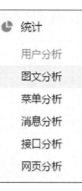

图 5.1.65　统计

(3)用户属性中主要显示的是用户的性别、语言、省份、城市、终端和机型信息,运营者可以根据属性数据分析来对活动的地点或者针对的人群进行选择,也可以根据数据来调整公众号的推送内容等,如图 5.1.67 所示。

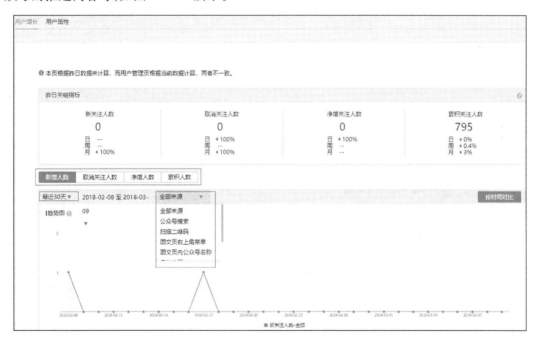

图 5.1.66　用户增长

性别	用户数	占比
男	441	55.47%
女	354	44.53%

图 5.1.67　用户属性

（4）图文分析中包括单篇图文和全部图文两个部分，单篇图文包含的数据如图5.1.68所示，可通过调整统计时间和相关数据的排序来查看数据统计。

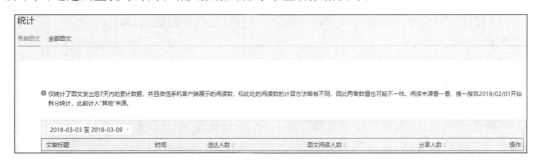

图5.1.68　单篇图文数据

（5）全部图文中包含的数据较多，可以查看与图文相关的各种数据信息，如图5.1.69～图5.1.72所示。

图5.1.69　全部图文

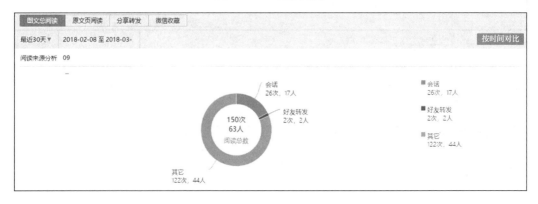

图5.1.70　图文总阅读

（6）在菜单分析中，主要显示的信息如图5.1.73所示，对各级菜单数据都有一个趋势图和具体数据值，查看此数据可判断哪一个菜单用得较多。

| 全部渠道 | 公众号会话 | 好友转发 | 朋友圈 | 历史消息 | 看一看 | 搜一搜 | 其他 |

图 5.1.71　全部渠道

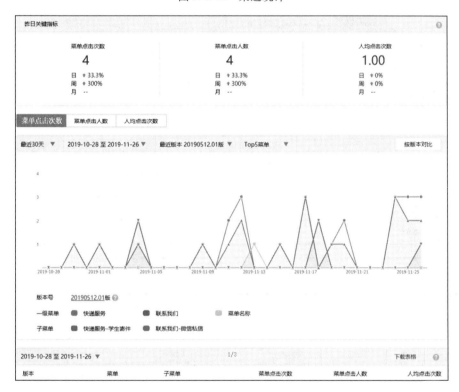

图 5.1.72　渠道统计

图 5.1.73　菜单分析

(7)消息分析包括消息分析和消息关键词分析两个部分,消息分析中可以按时间段查看消息发送人数、消息发送次数和人均发送次数的数据,如图 5.1.74 所示。

(8)消息关键词中可以分时间段显示自定义关键词和非自定义关键词数据,如图5.1.75所示。消息关键词数据可以反映用户的需求,出现次数越多,需求越大。

(9)接口分析中可以显示小时和日的数据,主要有调用次数、失败率、平均耗时和最大耗时等数据,如图 5.1.76 所示。接口分析只对开发者用户可见。

(10)网页分析里包含了页面访问量和 JSSDK(用于微信平台的一种程序开发工具包)调用统计数据,如图 5.1.77 所示。页面访问中包含了所有后台接口的名称,可分别查看每个接口的访问量,开发者根据这些数据对细节进一步优化,比如在哪个接口的次数较高,在该接口对图文信息进行优化,提高用户体验与曝光度。

图 5.1.74   消息分析

图 5.1.75   消息关键词

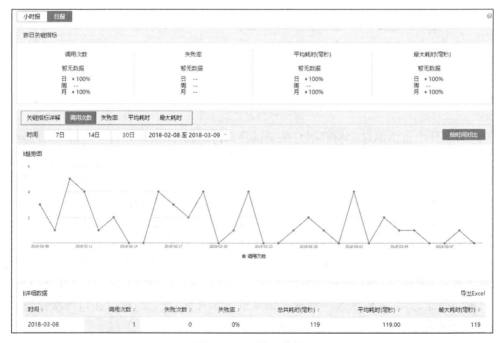

图 5.1.76   接口分析

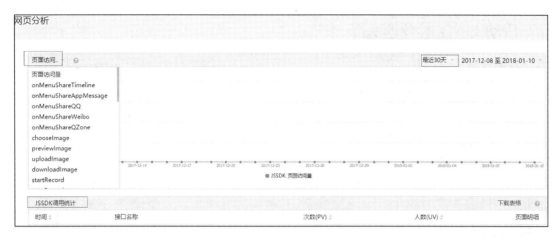

图 5.1.77　网页分析

活动评价

不同的公众号的特征属性不一样,用到的主要数据也不一样,而数据的分析又能给公众号提供精细化运营的保障。所以,小萍认为学会分析数据,做到精细化运营公众号才是将来在竞争激烈的市场上占有一席之地的关键。

合作实训

4 个人为一个小组,分工合作,完成以下任务:

(1)完成公众号各个模块的设置。

(2)在校内完成公众号的宣传推广任务。

(3)实时观察数据统计,合理调整公众号内容的风格和活动。

任务 2　运用今日头条平台实战

情境设计

小萍接到一个新的任务,公司需要在新媒体平台上来宣传自己。而今日头条平台,是目前流量最大的自媒体之一,它的受众广泛,流量巨大。如果能够将它引入宣传,是最有效的方法。因此,公司要小萍以最快的速度掌握并熟练应用它。

任务分解

本次任务是今日头条平台实战,小萍首先全面认识今日头条这个平台,注册开通头条号,设置头条号后台;接着充分利用这个平台,编写推送头条号文章,头条号数据分析,头条号文章经验,开通悟空问答和制作抖音视频。

活动1　注册开通头条号

活动背景

小萍拥有今日头条账号,并不等于开通了头条号,开通头条号需要完成一些认证,需要完成新手期的考验。

> **知识窗**
>
> 今日头条是一款基于数据挖掘的推荐引擎产品,为用户推荐信息,提供连接人与信息的服务的产品。它是基于个性化推荐的引擎技术,根据每个用户的兴趣、位置等多个维度进行个性化推荐,推荐内容不仅包括狭义上的新闻,还包括音乐、电影、游戏、购物等资讯。根据人的特征、环境特征、文章特征三者的匹配程度进行推荐。根据用户所在城市,自动识别本地新闻,精准推荐给当地居民。可根据用户年龄、性别、职业等特征,自动计算并推荐其感兴趣的资讯,如图5.2.1所示。

图5.2.1　今日头条

活动实施

小萍通过以下步骤顺利开通了头条号的申请。

第1步:打开计算机中的浏览器,输入头条号官网地址,进入头条网主页,如图5.2.2所示。

第2步:进入头条号主页后,用户可以单击"注册"按钮,切换到注册界面,如图5.2.3所示。

第3步:注册一个头条账号,可以直接用新浪微博、QQ账号或微信账号直接登录。此处选择默认的手机注册,如图5.2.4所示。提示:也可以点击"邮箱注册",找常用的邮箱号进行注册,注册成功后还需要登录邮箱激活邮箱账号。

手机注册时,输入图片验证码之后,填写手机号码就会收到今日头条发送的验证码。

第4步:选择要入驻的类型,有"个人""媒体""国家机构""企业"以及"其他组织"等选择,用户可以根据自己的实际情况选择相应的类型,这里选择"个人",如图5.2.5所示。不同类型的账号在注册时需要的资料不同,见表5.2.1。

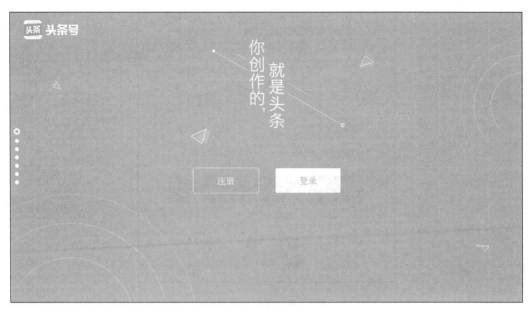

图 5.2.2　头条号首页

图 5.2.3　单击"注册"按钮

图 5.2.4　手机注册界面

图 5.2.5　选择头条号入驻类型

表 5.2.1　不同账号类型的头条号注册

个人	媒体[注1]	国家机构	企业	其他组织
运营者身份证姓名	运营者身份证姓名	运营者身份证姓名	运营者身份证姓名	运营者身份证姓名
运营者身份证号码	运营者身份证号码	运营者身份证号码	运营者身份证号码	运营者身份证号码
运营者完成实名认证	运营者完成实名认证	运营者完成实名认证	运营者完成实名认证	运营者完成实名认证

续表

个人	媒体[注1]	国家机构	企业	其他组织
运营者手机号	运营者手机号	运营者手机号	运营者手机号	运营者手机号
联系邮箱	联系邮箱	联系邮箱	联系邮箱	联系邮箱
组织名称	机构名称	企业名称	组织名称	
专业资质[注2]	账号申请确认书	入驻申请信息表	账号申请确认书	申请账号确认书
	组织机构代码证/营业执照		组织机构代码证/营业执照	组织机构代码证/营业执照
			专业资质[注2]	

注①媒体类型分为群媒体和新闻机构；
　②专业资质：涉及健康、财经、法律等领域必须提供相应资质证明。

第 5 步：填写入驻资料，这是整个入驻过程中审核最严的环节，这里直接关系到申请能否通过，所以需要特别注意，要根据系统提示的要求严格填写。

图 5.2.6　填写头条号入驻资料

●头条号名称:请勿使用包含特殊符号或含有明显推销的媒体名,要贴近某一领域。

●头条号头像:清晰健康,不能使用包含有网址或二维码的图片,严格按照示例拍摄、上传。

●头条号介绍:定位清晰,要符合提交辅助文章的类型,当然不能有任何推广性质的内容。

●辅助材料:尽量多填写几篇质量优秀的文章链接,最好在文章尾部注明:此文是"我的头条名"原创文章,特此声明之类的验证词语,方便头条号审核;还有就是提供账号资料截图,证明此文是属于你的创作。

第6步:入驻资料填写完成,点击"提交"按钮后,弹出如图5.2.7所示对话框。

图5.2.7　要求视频验证的对话框

此处是要求用户提供视频验证,验证之后才能完成注册。在手机里先下载安装今日头条的App,安装完成后,验证过程如图5.2.8~图5.2.13所示。

图5.2.8　手机验证1

图5.2.9　手机验证2

图 5.2.10 手机验证 3

图 5.2.11 手机验证 4

图 5.2.12 手机验证 5

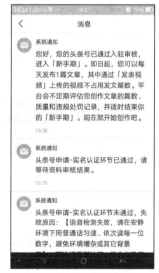

图 5.2.13 手机验证 6

第 7 步:部分创作履历不充足的申请人,将被视为头条号"新手"。"新手"头条号的部分功能与一般头条号有所区别:

- 发布内容频次上限为:1 篇/天。
- 暂时无法申请开通头条广告、微信/RSS 同步、"原创"功能、"千人万元"计划等。
- 每个"新手"头条号都有转换为一般头条号的机会。
- 每隔一段时间,我们将评估"新手"头条号所发布内容的数量、质量、违规处罚记录等方面,并结束部分账号的"新手期"。
- 近 30 天内至少有 1 天头条号指数超过 650 分,且"已推荐"文章超过 10 篇,可自助申请转正。

目前需经历新手阶段的账号类型包括:个人、群媒体、其他组织、企业。

活动评价

今日头条具有很多功能,其中"头条号"是今日头条针对媒体、国家机构、企业以及自媒体推出的专业信息发布平台,致力于帮助内容生产者在移动互联网上高效率地获得更多的曝光和关注。

活动2　设置头条号后台

活动背景

小萍在注册开通头条号之后,为充分了解头条号的后台功能,在学习相关知识后,开始进行后台设置。

活动实施

(1)打开计算机中的浏览器,输入今日头条官网地址,进入今日头条网主页,如图5.2.14所示。

图 5.2.14　今日头条首页

(2)点击右上角的"登录"按钮,进入今日头条网的登录界面。然后输入手机号码、图片验证码和手机短信验证码进行登录。此处也可以使用账号、新浪微博、QQ 号和微信号 4 种方法登录。

(3)登录之后,申请注册的头条号的名称就会显示在右上角的位置。在最右角看到"头条产品"四个字,将鼠标放上去,会弹出一个菜单,如图 5.2.16 所示。

(4)选择浮动菜单栏的第 2 项"头条号",即进入了头条号的设置后台,如图 5.2.17所示。

(5)进入后台后,左侧有管理、实验室、数据统计、推广、设置和活动等功能菜单,其中管理功能包括内容管理、评论管理、粉丝管理、素材管理和私立信 5 个功能子菜单,内容管理如

图 5.2.15　今日头条登录后的界面

图 5.2.16　今日头条浮动菜单

图 5.2.17　头条号的设置后台

图 5.2.18 ~ 图 5.2.21 所示。

图 5.2.18   内容管理

（6）内容管理分类展示作者全部的作品，如图 5.2.19 所示。

图 5.2.19   评论管理

（7）评论管理是指读者的评论，作者与读者（特别是与粉丝）互动有助于提升"头条号指数"中的"关注度"，如图 5.2.20 所示。

图 5.2.20   粉丝管理

（8）在此页面，作者可查看自己的粉丝，还可关注某个粉丝或主动向某个粉丝发起私信，私信内容将同步至"私信"会话内。

（9）素材管理是作者将所用到的素材上传到这里，也可以是在发表文章时插入图片时同步操作，存到素材库里。这样做的好处是便于多次引用。

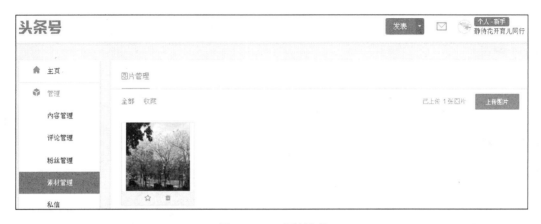

图5.2.21　素材管理

私信是读者与作者之间的一种交流,如果作者的作品影响力大,读者私信较多,作者可以设置自动回复。

(10)选择"实验室",如图5.2.22所示。

图5.2.22　实验室

实验室是一款专为作者提供实时和历史数据分析的工具,它是今日头条平台上所有资讯的仪表盘,通过它我们可以了解读者,进而创作出适合的头条内容。作者可以根据实际情况前往。特别提示的是创作实验室,它必须是作者的自媒体指数满足600、粉丝达到2 000人,并且开通原创的才可以开通。

(11)选择"数据统计",进入统计的页面,统计又分为三大类:内容分析、粉丝分析和头条号指数,如图5.2.23～图5.2.26所示。

(12)内容分析是对作者所发表在今日头条平台上的所有作品进行分析,包括阅读量、推荐量、评论量、转发量等。

图 5.2.23 内容分析

(13)粉丝分析可以了解作者的粉丝群体的特征,比如他们是分布在我国哪个省,处于哪个年龄段的等,同时在此处作者也可以看到粉丝数量的变化,如新增、取消,等等,如图5.2.24和图5.2.25所示。

图 5.2.24 粉丝分析

图 5.2.25 粉丝分析

图 5.2.26 头条号指数

温馨提示

头条号指数可以理解为你的内容有多值得被推荐,这一指数是机器通过一段时间内对作者创作的内容和读者阅读、关注行为的记录和分析得出的账号价值评分,包括健康度、关注度、传播度、垂直度、原创度5个维度。头条号指数每周更新一次,通过每周指数的动态知道你的头条号在各个分类头条号的相对位置、更加明确的努力方向。一般来讲,头条号的指数越高,相应地,内容推荐量也就越高。同时在后台可查看头条号指数对推荐量的提升效果。头条号指数的满分为950分。

推广项目中的号外服务是今日头条公司为用户提供的一项付费服务,如需使用,需要登录已经开通的"今日头条"平台用户账号并申请开通本服务。

设置项分为账号状态、账号权限、账号设置和自定义菜单,如图5.2.27~图5.2.30所示。

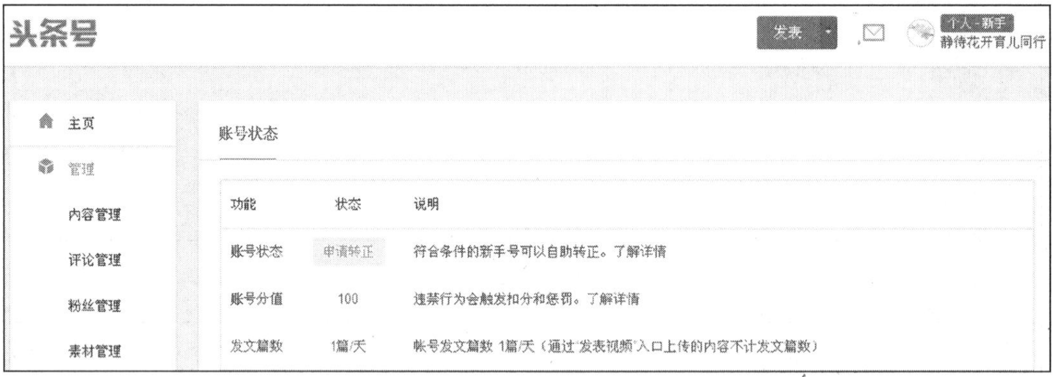

图5.2.27　账号状态

图5.2.28　账号权限

账号权限可以按照不同层级的申请条件来进行申请。一般累计粉丝越多、头条号指数越高,账号权限越高,如图 5.2.28 所示。

图 5.2.29　账号设置

此处可见,与注册时的内容大同小异。

图 5.2.30　自定义菜单

自定义菜单申请后必须在系统审核后才生效。最后是活动项中的"礼遇计划",如图5.2.31所示。

图 5.2.31　礼遇计划

头条号推出礼遇计划,为创作者提供资金,旨在鼓励创作者创作出更高质量的作品。

活动评价

小萍成功地设置了头条号的后台,发现头条号的后台和微信公众号后台还是存在较大的差异,希望熟悉各个功能和模块后,能够尽快编辑文章。

活动3　编写推送头条号文章

活动背景

公司需要将育儿类产品推向今日头条的用户,首先就要吸引用户来观看相关的内容,然后怎么编写推送头条号文章,成为小萍必须掌握的内容。

活动实施

(1)用上一活动同样的方法登录今日头条(见图5.2.32),此处可以看到在最上端有发布图文、发布视频、发布问答3个选项,可以根据实际需要来进行操作,发布微头条如图5.2.33、图5.2.34所示。

(2)用之前同样的方法登录头条号的后台,如图5.2.35所示。

(3)点击右上角的"发表"按钮,看到有文章、视频、图集、微头条和问答5种发表方法。选择"文章",作者就可以发表头条号文章了,如图5.2.36所示。

头条号的发文格式的第一项就是文章的标题。头条号的标题需要题目和内容一致,且标题不能离题。

(4)正文的内容要注意和标题一致,最好是自己注册时的头条号领域,如果写其他的领域,被头条号推荐的概率很小。

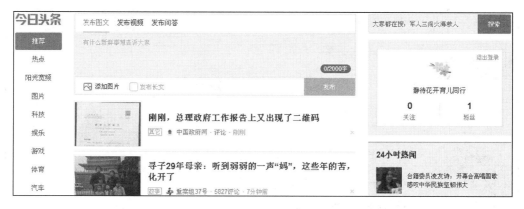

图 5.2.32　登录今日头条

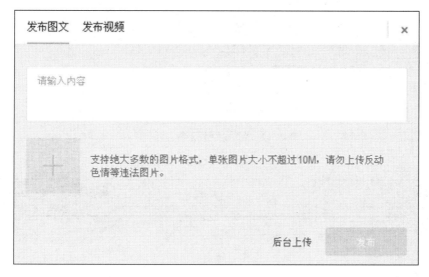

图 5.2.33　发布图文

图 5.2.34　发布视频

图 5.2.35　头条号后台主页

图 5.2.36　发表文章

发表文章时可以根据自己的需要选择并使用这些按钮,如进行格式设置、插入图片、插入视频、插入链接等,如图 5.2.37 所示。

(5)正文写好之后,还要设置封面(见图 5.2.38)。封面有自动、单图模式、三图模式几

图 5.2.37　文章编辑按钮

种。这里建议选择"三图"模式,"三图"模式对在手机上浏览有好处。可以把正文中的图片选进三图模式中。

图 5.2.38　设置封面

(6)在封面下面有设置"定时发表"选项,建议不要选择定时发表。

(7)文章写好之后,需要仔细斟酌,可以选择"存草稿"按钮。一般情况下写完文章后先"客户端浏览",再发表,如图 5.2.39 所示。

图 5.2.39　客户端浏览

活动评价

小萍成功地在头条号编辑并发布了一篇文章,并在今日头条手机端进行预览查看。很快便收到了评价,她在第一时间里进行了回复。编辑头条号文章是头条号的日常重要工作,不可忽视。

活动4 分析头条号数据

活动背景

自从小萍开始运营头条号之后,经常会有朋友向她询问如何查看今日头条的后台数据,如何分析。今天,小萍就给大家详细的解答头条号后台数据的查看和分析方法。

活动实施

(1)用之前同样的方法登录头条号的后台,如图5.2.40所示。

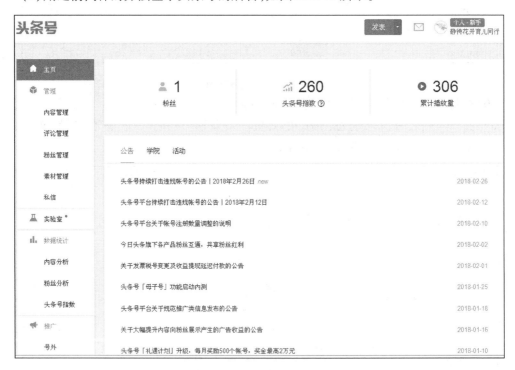

图5.2.40　头条号后台主页

(2)点击左上角的"主页"菜单,这里可以看到粉丝、头条号指数和累计播放量,对目前发布的作品效果有个总体的认识,如图5.2.41所示。

(3)点击左边"数据统计"项目下的内容分析,可以查看文章量、推荐量等各项统计,同时可以选择7天、14天、30天等时间进行查看,如图5.2.42所示。

(4)在此处可以切换图5.2.42中不同的选项卡来进行查看,如文章分析、视频分析、微头条分析。查看视频分析如图5.2.43所示。

(5)点击"粉丝分析"菜单,可以看到粉丝的相关信息,如图5.2.44所示。

图 5.2.41　打开"主页"菜单

图 5.2.42　打开"内容分析"菜单

图 5.2.43　视频分析

（6）点击"头条号指数"菜单,可以看到头条号指数是多少,在相关领域的排名情况等,如图 5.2.45 所示。

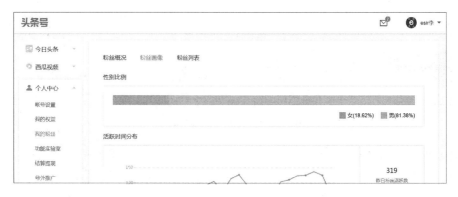

图 5.2.44　粉丝分析

图 5.2.45　头条号指数分析

活动评价

头条号给出了推荐量、阅读量、评论量、收藏量、转发量、阅读进度、跳出率、阅读速度等方面的数据,这些数据能很好地帮助我们作出决策,反思我们的文章效果。

活动 5　开通悟空问答

活动背景

悟空问答是一个为所有人服务的问答社区。通过它,可以从数亿互联网的用户中找到能为自己提供答案的人。小萍发现利用悟空问答引流是一个不错的机会,于是她开始自己探索悟空问答。

知识窗

悟空问答作为一种获取信息和激发讨论的全新方式,它的使命是:增长人类世界的知识总量、消除信息不平等、促进人与人的相互理解。

悟空问答秘籍如下:

①选择有讨论价值的问题作答;

②选择优质回答较少的问题作答;

③选择擅长的领域作答;

④坚持原创、杜绝抄袭;

⑤注意在回答中引导读者评论,并在评论区互动。

活动实施

(1)用头条号的账号登录悟空问答网站,如图 5.2.46 所示。

图 5.2.46　悟空问答登录界面

图 5.2.47　搜索感兴趣的问题回答

(2)用户可以搜索感兴趣的话题来回答,如图 5.2.47 所示。

(3)根据问题,输入自己的答案,如图 5.2.48 所示。

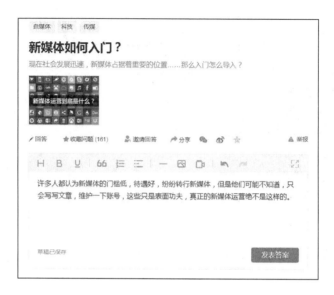

图 5.2.48　输入自己的答案和见解

活动评价

悟空问答是有推荐体制的,这和任何一个自媒体平台都一样。小萍发现,有着知乎的经验,她很快在悟空问答上手,提高了自己的头条号影响力。

活动6　制作抖音短视频

活动背景

随着网民逐渐从 PC 端转向移动端,短视频成为移动互联网时代下更为便捷的内容形式,并呈现出高速发展态势。小萍发现身边的朋友越来越多地在刷抖音,她意识到这里面存在巨大的媒体商机,于是她决定尝试使用抖音短视频平台。

> **知识窗**
>
> (1)抖音简介
>
> 抖音成立于2016 年 9 月,前期花费了大量的金钱、时间、人力与各类明星和工作室合作沟通。2018 年开年至今,抖音不仅蹭上了春晚的热点,也拉动了大半个娱乐圈来为其宣传。抖音作为今日头条旗下的一款产品,在对产品进行准确定位后,抓住用户痛点,基于今日头条系统强大的分析能力,又下得了血本,可以说近半年是抖音高速发展的时期,用户激增,在广大用户心中口碑不错。
>
> (2)如何拍出好抖音视频
>
> ①确定你的视频风格;
>
> ②练好基本功;
>
> ③卡好节奏;
>
> ④转场的时候参照物保持不变;

⑤根据音乐加入情节；

⑥善于运用道具、滤镜。

活动实施

（1）安装抖音 App 在手机客户端，打开主页，如图 5.2.49 所示。点击正中间的"＋"号，开始录制视频。

图 5.2.49　抖音主页面

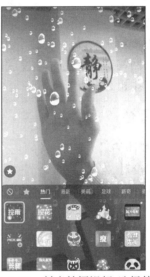

图 5.2.50　抖音拍摄视频，选择特效

（2）选择特效，这里选择"控雨"，进行手势的操作，如图 5.2.50 所示。

（3）按住中间的红点拍，如图 5.2.51 所示，就可以开始拍摄视频了，拍摄完成后即可编辑。编辑的模块包括剪音乐、音量、选音乐、特显、封面和滤镜。选择滤镜特效和时间特效，如图 5.2.52 所示。

图 5.2.51　抖音拍摄

图 5.2.52　抖音特效短视频滤镜和时间特效设置

（4）设置完成以后，就可以发布抖音视频了。

活动评价

抖音是一个专注年轻人的 15 s 音乐短视频社区。用户可以通过这款软件选择歌曲，拍摄15 s的音乐短视频，形成自己的作品，两年内全球 5 亿人都在使用它。小萍发现发布视频相对简单，但是如何巧妙地利用抖音热点进行宣传和营销，是一个值得深入研究的话题。

合作实训

4 人组成一个小组，分工合作，完成以下任务：

（1）每人撰写 5 篇以上的文章，并观察文章的数据，分析原因。

（2）每人回答 5 篇以上的问题，并观察回答的数据，分析原因。

（3）每人拍摄 5 个以上的抖音短视频，并观察视频的数据，分析原因。

项目总结

作为新媒体编辑人员，日常的工作内容是选题定题、素材搜集、内容编辑、图文排版、封面配图、内容校对、推送发布、监测数据、处理留言、用户反馈互动、定期总结等，工作范围广，跨界明显。选择微信公众平台和今日头条作为新媒体内容编辑的实战平台，原因是基于这两个平台广大的用户群和良好的就业需求，读者在实战的基础上，一定能够积累经验，有自己的看法和体会。

项目检测

1. 单项选择题

（1）微信公众平台有（   ）种类型。

　　A.1　　　　　　　　B.2　　　　　　　　C.3　　　　　　　　D.4

（2）设置图文消息和图片消息的水印时不添加水印，也可以使用微信号和（   ）作为水印。

　　A.公众号名称　　　B.关键词　　　　　C.手机号　　　　　D.自定义

（3）微信公众平台可以设置的子菜单的个数为（   ）。

　　A.3　　　　　　　　B.15　　　　　　　C.18　　　　　　　D.5

（4）流量主的微信公众号需要的粉丝数目是（   ）。

　　A.1 000　　　　　B.5 000　　　　　C.8 000　　　　　D.10 000

（5）头条号近30 天内至少有 1 天头条号指数超过 650 分，且已推荐文章超过（   ）篇，可自助申请转正。

　　A.6　　　　　　　　B.12　　　　　　　C.10　　　　　　　D.5

2. 多项选择题

（1）微信公众平台自动回复包括（   ）。

　　A.关键词回复　　　B.被关注回复　　　C.关键字回复　　　D.收到消息回复

（2）页面模板包括（   ）。

　　A.自定义模板　　　B.列表模板　　　　C.封面模板　　　　D.菜单模板

(3)图文消息素材中多媒体类型有(   )。

    A.图片　　　　　　B.音频　　　　　　C.视频

    D.小程序　　　　　E.投票

(4)今日头条旗下的产品有(   )。

    A.抖音　　　　　B.火山小视频　　　C.西瓜视频　　　　D.头条号

(5)头条号的指数分析包括哪些方面?(   )

    A.传播度　　　　　B.原创度　　　　　C.垂直度

    D.关注度　　　　　E.健康度

3.判断题

(1)以个人名义开设的订阅号可以开通微信认证。　　　　　　　　　　　(　　)

(2)没有经过微信认证的微信公众号不能开通广告主业务。　　　　　　　(　　)

(3)抖音视频 App 是一个短视频平台,没有直播的功能。　　　　　　　　(　　)

(4)编辑自定义菜单功能时可选择"跳转到网页"和"发送消息"以及"跳转小程序"三种动作。　　　　　　　　　　　　　　　　　　　　　　　　　　　　　　　　(　　)

(5)公众号的页面模板类似于一个文章目录的功能,可以对公众号的图文消息进行整理编排,是给公众号创建行业网页的功能插件。　　　　　　　　　　　　　　　(　　)

4.简述题

(1)在一个月之内能让自己运营的公众号有 1000 + 的粉丝量吗? 说出几种可能用到的推广方法。

(2)如何在今日头条打造阅读量过万的文章? 说出你的方法和技巧。

参考文献

[1] 于文飞. 玩的就是新媒体:传统企业营销转型制胜法则[M]. 北京:人民邮电出版社,2016.

[2] 蒋宏,徐剑. 新媒体导论[M]. 上海:上海交通大学出版社,2006.

[3] 谭贤. 新媒体运营从入门到精通[M]. 北京:人民邮电出版社,2017.

[4] 勾俊伟. 新媒体运营[M]. 北京:人民邮电出版社,2018.

[5] 魏艳. 微信公众号深度解析[M]. 北京:化学工业出版社,2017.

[6] 谭静. 新媒体营销运营实战208招[M]. 北京:人民邮电出版社,2017.

[7] 叶龙. 从零开始学新媒体运营推广[M]. 北京:清华大学出版社,2017.

[8] 张宇微. 新媒体运营实战[M]. 北京:中国工信出版集团,2018.